语言学与汉语国际教育研究丛书 丛书主编 黄南津

广西壮族自治区国家通用语言文字使用情况调查研究

A Study of the Use of Standard Chinese in Guangxi Zhuang Autonomous Region

黄南津 等 著

社会科学文献出版社
SOCIAL SCIENCES ACADEMIC PRESS (CHINA)

图书在版编目（CIP）数据

广西壮族自治区国家通用语言文字使用情况调查研究/
黄南津等著. -- 北京：社会科学文献出版社，2018.5
（语言学与汉语国际教育研究丛书）
ISBN 978 - 7 - 5201 - 1390 - 8

Ⅰ.①广⋯　Ⅱ.①黄⋯　Ⅲ.①汉语规范化 - 调查研究
- 广西　Ⅳ.①H102

中国版本图书馆 CIP 数据核字（2017）第 223926 号

语言学与汉语国际教育研究丛书
广西壮族自治区国家通用语言文字使用情况调查研究

著　　者／黄南津 等

出 版 人／谢寿光
项目统筹／刘　荣　岳　璘
责任编辑／刘　荣　徐成志

出　　版／社会科学文献出版社·独立编辑工作室（010）59367011
　　　　　　地址：北京市北三环中路甲 29 号院华龙大厦　邮编：100029
　　　　　　网址：www.ssap.com.cn
发　　行／市场营销中心（010）59367081　59367018
印　　装／三河市尚艺印装有限公司

规　　格／开　本：787mm × 1092mm　1/16
　　　　　　印　张：12　字　数：190 千字
版　　次／2018 年 5 月第 1 版　2018 年 5 月第 1 次印刷
书　　号／ISBN 978 - 7 - 5201 - 1390 - 8
定　　价／98.00 元

总　序

　　国家的综合国力，既包括由经济、科技、军事实力等所体现出来的硬实力，也包括以文化和价值观念、社会制度、发展模式、生活方式、意识形态等的吸引力所体现出来的软实力。软实力最大的来源就是文化。中国语言、文字等方面的成就，对中华文明的发展和进步做出了重要贡献，也是人类文化宝库的重要组成部分。

　　广西地处我国西南边陲，南濒北部湾，东北接湖南，东连广东，西北靠贵州，西接云南，西南与越南毗邻，是中国5个少数民族自治区之一。其发展历史十分久远。

　　广西的语言资源丰富多样，使用情况非常复杂，双语及多语现象十分普遍。一方面，在广西境内存在不同的民族共同使用一种语言的现象，也存在一个民族同时使用多种语言的现象；另一方面，广西的双语现象十分普遍，许多地方多种语言或方言交叉覆盖，许多广西居民都具有双语或多语能力，同时会说两种或两种以上的语言或方言，各种语言和方言相互借用混合，语言使用情况十分复杂。

　　广西毗邻东南亚，是中国与东南亚联系与交往的重要前沿和枢纽，在中国－东盟自由贸易区中具有特殊的地位和作用。两者在地缘文化、语言、生活习俗上有一定的接近性。在面向东南亚的国际化战略中，经济贸易国际化是核心，高等教育国际化是动力，其关键都是人才培养国际化，使人才构成国际化、人才素质国际化和人才活动空间国际化。

　　为配合国家和自治区的战略部署，配合广西大学努力建设高水平区域特色研究型大学的定位，深入研究中国与东南亚人文关系的规律性，整理、开发与利用广西及东南亚丰富的语言文化资源，传播中国语言与文化，实现国家北部湾经济区域发展战略，广西大学汉语国际教育中心以人才培养目标为引领，强调专业特质，体现专业主体性，在语言学研究和汉语国际教育教学与研究两个方面齐头并进，师生合力，取得了丰硕成果。

这套丛书就是近年成果的呈现，其中包含广西语言状况调查研究、《尚书孔传》虚词研究、"当代中国语言学的回顾与展望学术研讨会"会议论文集等语言学研究著作，又精选数年来所培养的汉语国际教育硕士的优秀论文，整理成三辑，以展示培养成果。

广西大学汉语国际教育专业 2008 年首次招收本科生，2009 年首次招收硕士研究生，2015 年被评为广西壮族自治区优势特色专业。经过近十年的建设，目前汉语国际教育专业本科和硕士毕业生已有 600 余人，其中汉语国际教育硕士 318 人。多年来，我们在专业性观照下，强化基础理论知识与基本能力，多元化配置教学模式、方法、基地、师资等要素，在实践教学过程中强化教师与学生、理论与实践、学校与企业的互动，实现人才培养、科学研究、服务社会与传承文化功能。教学、科研、学生管理等方面都有了长足的进展，为广西的经济文化建设培养了大批优秀人才。

此套丛书力求兼顾语言学与汉语国际教育两方面的面与点，有助于充实对语言本体及使用情况、面向东南亚的汉语教学探索及研究的认知，分享广西大学培养汉语国际教育专业硕士的经验。我们深知，还有诸多问题尚待我们进一步探索，因能力、实践时间和条件等有限，丛书难免有错漏之处，诚请学界同仁和专家不吝指正、赐教。

黄南津　吕军伟

2017 年 6 月 18 日

前　言

　　广西地处我国西南边陲，南濒北部湾，东北接湖南，东连广东，西北靠贵州，西接云南，西南与越南毗邻，是中国 5 个少数民族自治区之一。其发展历史十分久远。据目前的考古发现可知，早在 70 万年前广西的百色地区就有了原始人类居住。而到 2000 多年前的春秋战国时期，岭南的广大地区就出现了百越系统族群。根据史籍记载，我国南方广大地区最早居住的部族是百越族群，而广西地区最早出现的部族正是百越中的仓吾和西瓯骆越。而后壮、侗、水、仫佬、毛南等族相继从西瓯骆越部族中分化出来，形成了广西最早的土著居民。加上汉族的南迁，从蛮族分化而来的苗、瑶两族进入广西腹地，以及回、京、彝、仡佬等族相继迁徙而来，广西多民族聚居的状况逐步形成，奠定了汉、壮、瑶、苗、侗、仫佬、毛南、回、京、彝、水、仡佬 12 个世居民族的基础。据 2010 年第六次全国人口普查的数据，全自治区总人口中，汉族人口为 3201.90 万，占 62.06%；各少数民族人口为 1957.56 万，占 37.94%，在全区的总人口中少数民族人口占了 1/3 以上，其中人数超过 5 万的有壮族、瑶族、苗族、侗族、仫佬族、毛南族等 6 个少数民族，分别有 1658.72 万人、170.13 万人、52.99 万人、35.28 万人、19.29 万人和 8 万人。[①]

　　多民族大杂居、小聚居的状况是形成广西地区少数民族语言资源丰富多样特点的重要原因。汉族的不断迁入给广西带来了新的语言血液。汉族

[①]　广西壮族自治区统计局 . 广西 2010 年第六次全国人口普查主要数据公报 ［EB/OL］. (2011 - 07 - 01)［2017 - 07 - 11］. http://www.gxtj.gov.cn/tjsj/tjgb/rkpc/201107/t20110701_2168.html.

移民带来的语言与当地的语言进行交融，出现了新的变化，加之广西地处边陲，本身地理环境闭塞，多山地多丘陵，交通不便，各地与新移民的交流程度出现不同，最终就形成了多种多样的少数民族语言以及汉语方言。广西境内的汉语方言主要包括西南官话、粤语、平话、客家话、湘语、闽语6种，其内部又有不同的方言片区和小方言点，以粤语为例，广西境内的粤语包括广府片、邕浔片、钦廉片、勾漏片等不同方言片区。广西境内的6种汉语方言主要分布如下：西南官话主要分布于桂林、柳州、贺州、河池、来宾、百色等桂北、桂东北、桂西北、桂中的大部分地区；粤语主要分布于梧州、玉林、南宁、北海、钦州等桂南、桂东的广大地区；平话主要分布于桂林、贺州、南宁等地的广大郊区和乡镇中；客家话主要集中于贵港、陆川、柳江、博白等市县；湘语主要集中于桂北的全州、资源等临近湖南省的地区；闽语主要集中于玉林、贵港等地。

目前，广西的12个世居民族中，除了回族彻底转用汉语外，其他民族都有自己的语言，并且出现了一个民族使用多种语言的情况。广西境内各民族语言的分布具体如表1所示。

表1 少数民族语言的分布

民族	语言	系属	地区	境内分布
壮族	壮语	汉藏语系壮侗语族壮傣语支	广西、云南文山、广东连山、贵州从江、湖南江华	南宁、百色、河池、柳州
瑶族	勉语	汉藏语系苗瑶语族瑶语支	广西、湖南、云南、广东、贵州、江西，以广西最多	金秀、恭城、富川、龙胜、防城港、全州、贺州、田林、临桂、荔浦、平乐
	炯奈语	汉藏语系苗瑶语族苗语支	广西	金秀大瑶山
	巴哼语	汉藏语系苗瑶语族苗语支	广西、湖南、贵州	三江、龙胜、融水、临桂
	拉珈语	汉藏语系壮侗语族侗水语支	广西	金秀、平南
	布努语	汉藏语系苗瑶语族苗语支	广西、云南富宁、贵州荔波	大化、巴马、都安、南丹、凌云、平果、田东、凤山、东兰、德保、河池、隆安、马山

续表

民族	语言	系属	地区	境内分布
苗族	苗语	汉藏语系苗瑶语族苗语支	广西、贵州、湖南、云南、四川、重庆、湖北	融水、隆林、三江、西林、南丹、融安、都安、环江、河池、那坡
侗族	侗语	汉藏语系壮侗语族侗水语支	广西、贵州、湖南、湖北	三江、龙胜、融水、融安、罗城
仫佬族	仫佬语	汉藏语系壮侗语族侗水语支	广西	柳城、罗城、忻城、宜州
毛南族	毛南语	汉藏语系壮侗语族侗水语支	广西	河池、宜州、南丹、都安
京族	京语	南亚语	越南、广西	防城港山心、沥尾、巫头京族三岛上
彝族	彝语	汉藏语系藏缅语族彝语支	广西	那坡、隆林
水族	水语	汉藏语系壮侗语族侗水语支	广西、贵州	南丹
仡佬族	仡佬语	汉藏语系壮侗语族仡佬语支	广西、贵州、云南	隆林

广西的语言资源不但丰富多样，而且使用情况非常复杂，双语及多语现象十分普遍。一方面，在广西境内存在不同的民族共同使用一种语言的现象，也存在一个民族同时使用多种语言的现象；另一方面，广西的双语现象十分普遍，许多地方多种语言或方言交叉覆盖，许多广西居民都具有双语或多语能力，同时会说两种或两种以上的语言或方言，各种语言和方言相互借用混合，语言使用情况十分复杂。

综上所述，运用语言学、统计学等多学科方法，对广西壮族自治区的语言文字使用情况进行调查与研究，是我们应予以关注的重要问题。

目 录
CONTENTS

第一章

调查设计与调查区域

一 本课题拟研究的主要问题

推广普通话、使用规范汉字是我国的一项基本政策。《中华人民共和国国家通用语言文字法》第二条规定："本法所称的国家通用语言文字是普通话和规范汉字。"本课题针对广西壮族自治区的特点，运用科学的数据采集方式，进行深入有效的国家通用语言文字使用情况调研，根据所获数据分析广西壮族自治区的国家通用语言文字使用实际情况及相关的语言群体语言文字态度，提出相应的解决措施，为国家及广西壮族自治区的语言规划提供数据、思路及参考方案。

由于广西绝大部分区域的使用文字为汉字，其使用情况及使用态度较为一致，所以对文字使用情况及使用态度的调研主要在其少数民族区域中进行。

（一）细分为方言、少数民族语言区域及特殊区域进行调查

广西方言众多，各方言间的差异较大，同时还有多种少数民族语言。不同的方言、少数民族语言区域，其国家通用语言文字使用状况有差异，为此划分为西南官话、粤语、客家话、平话区域以及少数民族区域、中越边境特殊区域进行有针对性的调查，每个区域抽选 5 个以上县市作为调查点（少数民族区域除外），每区域采集不低于 1500 份问卷进行分析，总问

卷不低于 10000 份。

（二）语言态度调查与分析

问卷设计将包含语言态度调查项目，以了解广西民众对国家通用语言文字及方言、少数民族语言文字的态度，展望语言文字使用的发展走向。

（三）专项调查与分析

此项为辅助性、拓展性调查。普通话在广西各大方言及少数民族区域均有地方变体，最具代表性的是南宁市的地方变体，人称"南普"。为更深入了解国家通用语言文字的正确使用情况，拟对"南普"进行专项调查与分析。通过调查了解"南普"语音、词汇、语法特点，分析其形成原因及发展趋向。

大专院校以青年学生为主，选择一些高校做专项调查，可以更全面把握广西壮族自治区国家通用语言文字使用的实际情况。故选择南宁市部分高校对在读大学生进行专项抽样调查，获取青年群体国家通用语言文字使用情况及语言态度数据。

（四）抽样方式

由于时间、资金及人力有限，本课题无法仿照"中国语言文字使用情况调查"的入户调查方式进行，拟在不同区域采取有针对性的抽样方式。

西南官话、粤语、客家话、平话区域各抽选 4～5 个县市，共计 20～25 个县市，每县市抽选 2～4 所中小学，从小学三年级至初中三年级各选择 1 个班级进行问卷及访谈调查，问卷设计将包含家庭祖孙三代、学校、社会环境的语言文字使用情况，以确保获得设定的有效问卷数。同时由于反映了调查对象及其家庭成员、邻里的语言文字使用情况，因此问卷涵盖实际调查人数 3 倍以上的语言文字使用者的情况，亦即能够通过较少的调查问卷量了解、掌握较宽广的语言文字使用情况。

少数民族区域以壮族为代表，选取 3 个壮族人口占 80% 以上的县市以随机抽样方式进行调查。

中越边境作为特殊区域，沿边所有县市均以随机抽样方式进行调查。

二　调查区域及样本情况

（一）西南官话区域调查及样本情况

选取桂林市、柳州市、河池市、贺州市和武宣县作为调查地区，每个地点选出 4 所学校（小学 2 所，中学 2 所），一共 20 个调查点，小学四至六年级学生，初中一至三年级学生，每个年级选择一个班级。广西壮族自治区的西南官话区是以百色—河池—柳州—桂林为中心的 51 个县市（参考新编《中国语言地图集》）。桂林、柳州、河池处在广西西南官话区的中间地带，是桂柳话的代表地区，且政治、经济较发达，有辐射周边地区的影响力；武宣处于西南官话区南部，贺州处在广西东部，以上 5 个县市比较全面地覆盖了广西西南官话区的范围。

五县市共发放问卷 2500 份，回收问卷 2492 份，其中有效问卷 2276 份，有效率为 91.33%（见表 1 - 1）。

表 1 - 1　西南官话区域问卷发放情况

	性别		年级	
	男	女	小学	初中
样本（人）	1034	1206	1217	1059
占比（%）	45.4	53.0	53.5	46.5

（二）粤语区域调查及样本情况

根据广西粤语的分布情况，选择缘西江而上的梧州、南宁、百色、龙州及沿海的北海 5 个调查点，其中梧州、南宁为缘西江的中心城市，右江支流选取百色，左江支流选取龙州，北海是沿海城市，在明、清、民国时期属广东省，中华人民共和国成立后归属广西，5 个调查点在空间上涵盖广西粤语分布主要区域。

每个调查点选 4 所中小学校（2 所小学，2 所中学），每个学校抽取 3 个班级，100～150 名学生进行问卷调查，每个调查点获取 600 份问卷，共获取 3000 份问卷，确保样本的规模及代表性。

共发放问卷 3000 份，回收问卷 3000 份，其中有效问卷 2860 份，有效率为 95.33%。从回收的问卷分布情况看，男生为 1444 人，占有效记录的 50.5%；女生为 1416 人，占有效记录的 49.5%。被调查对象学历分布情况为：小学为 1372 人，占有效记录的 48%；中学为 1488 人，占有效记录的 52%（见表 1-2）。被调查者中，在本地出生长大的为 2185 人，占有效记录的 76.4%，不是在本地出生长大的为 675 人，占有效记录的 23.6%。

表 1-2　粤语区域问卷发放情况

	性别		年级	
	男	女	小学	初中
样本（人）	1444	1416	1372	1488
占比（%）	50.5	49.5	48	52

（三）客家话区域调查及样本情况

根据广西客家人和客家话"东南密、西北疏，大分散，小集中"分布特点，综合考虑各地方县志和已发表的方言学调查成果，选择宾阳县、贺州市、柳城县、陆川县、博白县和田林县（高龙乡）6 个市县作为调查点，涵盖广西东、南、西、中、东南 5 个地理区域，兼顾客家话分布疏密。前 5 个调查点每个选 4 所中小学校（小学、中学各 2 所），每个学校抽取 3 个班级，对 100～150 名学生进行问卷调查，每个调查点拟发放 600 份问卷；针对田林县高龙乡客家方言岛，选取中小学校各 1 所，发放 300 份问卷，最终共发放 3300 份问卷①，相关数据详见表 1-3。

---

① 有些项目有缺失现象，因此在计算时已经剔除缺失值。此处的百分比为占有效数据的百分比。

表 1 - 3 客家话区域问卷发放情况

	性别		年级	
	男	女	小学	初中
样本（人）	1447	1498	1219	1751
占比（%）	49.1	50.9	40.9	59.0

（四）平话区域调查及样本情况

平话在广西地理分布较广，使用人口也较多，大约有 300 万人。杨焕典等指出："平话比较集中地分布在交通要道附近，从桂林以北的灵川向南，沿铁路（古官道路线）到南宁形成主轴线，柳州以下为南段，鹿寨以上为北段，北段从桂林分出一支，经阳朔、平乐到钟山、富川、贺县是为北片，南段北端从柳州分出一支，沿融江到达融水、融安，南端从南宁由水路分出三支，右江支到百色，左江支到龙州，邕江支到横县，是为南片。南北两片之间，不仅根据地理分布，主要的着眼点还在平话的内部差异,融江一支在地理位置上属于桂北，从语言特点来看，却应属桂南平话。"①

本项调查针对桂南平话区域，选取南宁、宾阳、田阳、融水、崇左 5 个市县为调查点。每个调查点选 4~5 所中小学校，每个学校抽取 2~3 个班级 100~150 名学生，每个调查点共 600 人进行调查。共发放调查问卷 3000 份。回收问卷 3000 份，有效卷 2869 份，有效率 95.63%（见表 1 - 4）。

表 1 - 4 平话区域问卷发放情况

	性别		年级	
	男	女	小学	初中
样本（人）	1482	1379	1211	1658
占比（%）	51.66	48.07	42.21	57.79

---

① 杨焕典，梁振仕，等. 广西的汉语方言 [J]. 方言，1985（3）.

（五）少数民族区域调查及样本情况

少数民族区域调查以广西人口最多的少数民族——壮族为调查对象，壮族主要聚居地是左右江流域和红水河流域。从壮族人口比重在80%以上的县市随机抽选出田阳县、田东县、东兰县作为调查区域。田阳县处于右江流域，总人口33万，其中壮族人口达到30万，占比达到90.9%，是壮族人口的主要聚居县之一。田东县也处于右江流域，总人口39万，其中壮族人口33万，占比达84.62%，是壮族人口主要聚集县之一。东兰县地处红水河流域，总人口28万，壮族人口23万，壮族比重82.14%。对此3个县采用多阶段PPS系统抽样方法，按照行政管理级别将整个抽样过程分为县—乡（镇）—村（居委会）—户—居民4个阶段。第一阶段，从全县的所有乡镇中抽取5个乡（镇）；第二阶段，从所抽中的5个乡（镇）中分别抽取2个自然村；第三阶段，从所抽中的自然村中，每个自然村抽取30户；第四阶段，从抽中的家庭中，每个家庭抽取1人作为样本。共发放问卷900份，回收880份，回收率97.78%。其中废卷（严重漏填或者填写有严重逻辑错的）28份，问卷有效率96.82%。其中男性调查对象为55.8%，女性调查对象为44.2%。年龄：15～24岁的占21.5%，25～39岁的占39.3%，40～54岁的占25.4%，55～69岁的占11.5%，70岁以上的占2.3%。教育背景：从未上学的占0.4%，旧社会私塾的占1.3%，扫盲班的占3.4%，小学的占18%，初中的占31%，高中（中专）的占23.2%，大专及以上的占9.6%。少数民族区域调查主要针对文字使用情况及使用态度进行。

（六）中越边境特殊区域调查及样本情况

中国和越南有1450公里的漫长陆地边界线，交界之处，中国一侧的省（区）市县是广西那坡县、靖西市、大新县、龙州县、凭祥市、宁明县、东兴市七地以及云南的富宁、麻栗坡、马关、河口、金平、绿春、江城等；而越南一侧的省是广宁、琼山、高平、河江、老街、莱州。此次调查地域是中国境内广西壮族自治区与越南接壤的地区：那坡县、靖西市、大新县、龙州县、凭祥市、宁明县、东兴市7个县市。

由于设计地域广人口多，具体情况复杂，所以也如少数民族区域调查一样，采用 PPS 系统抽样方法抽样调查。获得这 7 个县市的行政划分情况和各自然村的人口资料，对比各组人口数据，选择一组时间上接近、统计最完善的数据作为抽样基础数据，制定抽样框。

共发放调查问卷 1400 份，收回 1389 份。20 岁以下的有 210 人，占 15.1%；21～30 岁的有 276 人，占 19.9%；31～40 岁的共 1307 人，占 22.1%；41～50 岁的共 324 人，占 23.3%；51～60 岁的共 189 人，占 13.6%；60 岁以上的共 83 人，占 6.0%，年龄分布比较平均。男性所占的比例比较大，达到 60.5%，共 840 人；而女性只有 549 人，占 39.5%。

（七）普通话区域变体——"南宁普通话"专项调查及样本情况

调查对象主要是具备语言能力的南宁市民（不含南宁郊区以及辖县），调查对象为从 11 岁到 70 多岁的群体，其中少年组 11～17 岁，青年组 18～29 岁，中年组 30～49 岁，老年组 50 岁及以上。少年组的调查主要是在南宁市区选取 6 所学校，每所学校发放问卷 100 份，共 600 份。青年、中年以及老年组采用在市区随机抽样的方式，共发放问卷 600 份。样本总数共 1200 份。共回收 1108 份，回收的问卷中凡不符合调查要求者作为废卷，获得有效问卷共 983 份，无效问卷共 125 份，有效率为 88.7%。

（八）高校专项调查及样本情况

普通高校实行全国招生，学生来源广泛，缺乏内部一致性。从调查对象尽可能来自广西的目标考虑，高校专项调查选择高等职业院校进行。选取南宁职业技术学院、广西机电职业技术学院、广西国际商务职业技术学院三所全日制院校在校学生为调查对象。这三所院校在广西高职院校中有代表性，前两所是广西示范性高职院校，文理科兼备，男女生比例相当。广西国际商务职业技术学院是以培养适应商务事业发展需要的服务型、经营型、创业型人才为宗旨的国家公办高等院校。这三所院校分别为综合性高职院校、理科高职院校、文科高职院校。

三所院校选择的样本数为 300，按比例，每个学校抽取的样本数如下：南宁职业技术学院样本数为 104（男 52 人，女 52 人），广西机电职业技术学院样本数为 141（男 71 人，女 70 人），广西国际商务职业技术学院样本数为 55（男 22 人，女 33 人）。

三 数据分析与呈现

根据调查对象、抽样方式的差异，将西南官话、粤语、客家话、平话区域针对中小学生、普通话区域变体所做调查进行合并综合分析，对少数民族区域、中越边境特殊区域、高校专项调查分别进行分析与论述。

第二章

西南官话、粤语、客家话、平话区域、普通话区域变体调查与分析

一 数据构成

此部分数据包括 5 个片区，分别为平话区、粤方言区、普通话区域变体、西南官话区、客家话方言区。各方言区样本情况如下：总共 10335 份问卷，各方言区问卷分别为 2869 份、2864 份、543 份、1090 份、2969 份，整理后形成的数据库暂且命名为"广西方言区国家通用语言文字使用情况及语言态度数据总库"（以下简称"方言区总库"）。

数据整体情况良好，采用分层抽样、PPS 抽样等科学抽样方法，既保证了样本的随机性，又减少了抽样的误差；从样本容量看，剔除无效问卷后，有效问卷达 10335 份，样本容量很大；从调查对象看，把调查对象放在能反映语言变化的最敏感点——学校，中小学生多为就近求学，这样既能反映语言使用及态度的缓慢变化，又具有很强的区域性。同时，问卷中设置的问题涉及其父辈和祖辈，无须再对其父辈、祖辈进行专门调查就可以了解三代人的语言使用情况，节省了时间、人力、物力，更重要的是无形中扩大了调查的样本容量，从理论的角度计算，在家庭语言使用情况调查上，总体样本应扩大到实际调查人数的 3 倍；此外，为顾及城乡教育发展水平不同带来的语言使用及态度上的变化差距，调查的中小学校既有来自农村的也有来自城市区域的，避免整体结果出现偏高或偏低的情况。

二　分析与研究

（一）调查对象基本情况

根据对"语言文字使用情况"概念的界定，本书中"国家通用语言使用情况"主要包括各方言区中母语情况、普通话在家庭中的使用情况、普通话在学校的使用情况、交际中普通话使用情况、普通话掌握能力、普通话使用频率等。在对广西国家通用语言文字使用和语言态度进行分析之前，我们先对调查对象的基本情况进行相应描述，以便读者对整体样本的构成情况和其他相关特征有初步的了解。

性别结构。其中男生为5116人，有效百分比为49.7%；女生为5184人，有效百分比为50.3%。缺失值为35人，占整体的0.3%。这一比例与广西壮族自治区第六次人口普查结果中的男女比例（男性人口占比51.98%，女性人口占比48.02%）有些出入，但男女比例比较均衡，整体相差不大（见表2-1）。

表2-1　性别结构

	性别	样本数（人）	占比（%）	有效百分比（%）
	男	5116	49.5	49.7
	女	5184	50.2	50.3
	合计	10300	99.7	100.0
缺失值		35	0.3	
合计		10335	100.0	

年龄结构。研究对象明确是广西中小学生，由表2-2可知年龄集中在9~16岁，共10195人，占总样本量的98.6%；其中年龄在14岁的最多，共2059人，占总样本量的19.9%；另外年龄在8岁的有4人，17岁的有70人，18岁的有9人，19岁的有1人，22岁的有1人，这些加起来总共占总样本量的0.8%。

表 2 - 2　年龄结构

年龄 （岁）	样本数 （人）	占比 （%）	有效百分比 （%）	累计百分比 （%）
8	4	0.0	0.0	0.0
9	182	1.8	1.8	1.8
10	877	8.5	8.5	10.3
11	1260	12.2	12.3	22.6
12	1802	17.4	17.5	40.1
13	1848	17.9	18.0	58.1
14	2059	19.9	20.0	78.1
15	1551	15.0	15.1	93.2
16	616	6.0	6.0	99.2
17	70	0.7	0.7	99.9
18	9	0.1	0.1	100.0
19	1	0.0	0.0	100.0
22	1	0.0	0.0	100.0
合计	10280	99.5	100.0	
缺失值	55	0.5		
合计	10335	100.0		

本地生活情况。从表 2 - 3 可看出调查对象为本地出生和本地长大的占很大比例，其中本地出生的人数为 8807，有效百分比为 85.4%；本地长大的人数为 8849，有效百分比为 85.9%。是否为本地出生和是否为本地长大的人数基本上均衡，非本地出生或本地长大的人数有效百分比都在 14% 左右，并且两者人数相差也不大，都在 1500 人左右。

表 2 - 3　本地生活情况

	是		否	
	人数（人）	百分比（%）	人数（人）	百分比（%）
本地出生	8807	85.4	1506	14.6
本地长大	8849	85.9	1457	14.1

（二）母语情况

针对母语问题，我们选取了以下问题：你小时候（上学前）讲的是什么话？这个问题实际上就是问"母语是什么话"，在统计中赋予"母语"标签。由于本书重点考察普通话使用情况，而广西是个多方言夹杂存在的地区，多数人的母语并非普通话，加上各个方言区样本容量不同，五种方言中"使用人数孰多孰少"的问题不具有可比性，而普通话是各方言区的共同语言，所以我们只选取各方言区"母语为普通话"的数据进行考察和对比，通过制作交叉列联表后整理结果如表2-4。

表2-4　母语与方言区列联表

			方言区					合计
			南普区	客家话方言区	平话区	粤方言区	西南官话区	
母语	普通话	人数（人）	67	215	131	156	538	1107
		母语占比（％）	6.1	19.4	11.8	14.1	48.6	100.0
		方言区占比（％）	12.3	7.3	4.6	5.4	49.4	—
		总占比（％）	0.6	2.1	1.3	1.5	5.2	10.7

由表2-4可知，母语为普通话的人数为1107，仅占总样本量的10.7％，其中南普区母语为普通话人数最少，仅为67人，占所有母语为普通话总人数的6.1％，西南官话区中母语为普通话的人数最多，为538人，占所有母语为普通话人数的48.6％，占该区所有调查人数的49.4％，即该区1090人中有49.4％的人母语为普通话；南普区所有调查人数中有12.3％的人母语为普通话，其他地区母语为普通话的人数占该区所有调查人数的比例在4％~7％。

（三）家庭中国家通用语言的使用情况

家庭中普通话的使用情况分为与平辈、与父辈、与祖辈、父辈之间、祖辈之间用普通话交流的情况，以下从不同方言区、性别等角度将三代人在家庭中使用普通话的情况进行对比和考察。

1. 与平辈使用普通话的情况

在平辈中设置的问题为"你与兄弟姐妹讲什么话",从方言区角度来进行对比,结果如表2－5。

表2－5　各方言区与平辈间使用普通话情况列联表

		人数（人）	占总体百分比（%）	占该区总人数百分比（%）	占平辈间使用普通话人数百分比（%）
方言区	南普区	360	3.5	66.3	13.5
	客家话方言区	363	3.5	12.2	13.7
	平话区	648	6.3	22.6	24.4
	粤方言区	799	7.7	27.9	30.0
	西南官话区	489	4.7	44.9	18.4
合计		2659	25.7	—	100

由表2－5可知,与平辈使用普通话交流的总人数为2659,占总样本量的25.7%;其中南普区、客家话方言区、平话区、粤方言区、西南官话区具体人数分别为360、363、648、799、489,各占2659人的13.5%、13.7%、24.4%、30.0%、18.4%;从总样本量来看,其中粤方言区平辈使用普通话交流人数所占比重最多,为7.7%,而南普区、客家话方言区中平辈使用普通话交流的人数所占比重最少,均为3.5%;但是,在各自语言区域所有调查人数中,南普区平辈使用普通话交流人数所占比重最多,达到66.3%,其次是西南官话区,所占比重达44.9%,所占比重最少的则是客家话方言区,平辈间使用普通话交流所占该区人数比重才达12.2%,这也从侧面反映了经济越发达的地区,年轻一辈越倾向于使用共同语交流。

再从性别角度看男女在与平辈交流中使用普通话的情况,结果如表2－6所示。

表 2 - 6　性别与在家和平辈交流情况列联表

			在家与兄弟姐妹讲什么话							合计
			普通话	白话	桂柳话	平话	壮语	客家话	其他	
性别	男	人数（人）	1244	1035	383	736	698	931	89	5116
		占该性别人数百分比（%）	24.3	20.2	7.5	14.4	13.6	18.2	1.7	100.0
		占男女总人数百分比（%）	46.9	51.4	44.6	53.0	53.1	48.7	55.3	49.7
		占总体百分比（%）	12.1	10.0	3.7	7.1	6.8	9.0	0.9	49.5
	女	人数（人）	1411	978	475	652	616	980	72	5184
		占该性别人数百分比（%）	27.2	18.9	9.2	12.6	11.9	18.9	1.4	100.0
		占男女总人数百分比（%）	53.1	48.6	55.4	47.0	46.9	51.3	44.7	50.3
		占总体百分比（%）	13.7	9.5	4.6	6.3	6.0	9.5	0.7	50.2
合计		人数（人）	2655	2013	858	1388	1314	1911	161	10300
		占总体百分比（%）	25.7	19.5	8.3	13.4	12.8	18.5	1.6	100.0

由表 2 - 6 可知，不论是男还是女，对平辈使用普通话的比例都超过使用其他方言的比例，男女使用普通话的共有 2655 人，占总样本量的 25.7%；在普通话一栏中，男生使用普通话的有 1244 人，占总样本量的 12.1%，占使用普通话总人数（2655 人）的 46.9%，女生使用普通话的有 1411 人，占总样本量的 13.7%，占使用普通话总人数的 53.1%，这说明在平辈中女生比男生更倾向于使用普通话交流。

2. 与父辈使用普通话情况

父母对孩子语言能力的形成有非常重要的影响，因此就与父辈使用普通话的情况主要从"和爸爸妈妈讲什么话"来考察，得出表 2 - 7。

表 2 - 7　方言区与在家和父母沟通情况列联表

			在家与爸爸妈妈讲什么话							合计
			普通话	白话	桂柳话	平话	壮语	客家话	其他	
方言区	南普区	人数（人）	368	123	11	10	1	13	17	543
		占该方言区人数百分比（％）	67.8	22.7	2.0	1.8	0.2	2.4	3.1	100.0
		占讲该方言人数百分比（％）	19.8	3.9	1.2	0.8	0.2	0.6	3.7	5.3
		占总样本量百分比（％）	3.6	1.2	0.1	0.1	0.0	0.1	0.2	5.3
	客家话方言区	人数（人）	97	998	121	16	0	1729	0	2961
		占该方言区人数百分比（％）	3.3	33.7	4.1	0.5	0.0	58.4	0.0	100.0
		占讲该方言人数百分比（％）	5.2	31.7	13.2	1.2	0.0	82.8	0.0	28.7
		占总样本量百分比（％）	0.9	9.7	1.2	0.2	0.0	16.8	0.0	28.7
	平话区	人数（人）	517	231	300	1210	112	100	399	2869
		占该方言区人数百分比（％）	18.0	8.1	10.5	42.2	3.9	3.5	13.9	100.0
		占讲该方言人数百分比（％）	27.8	7.3	32.7	93.8	20.4	4.8	86.6	27.8
		占总样本量百分比（％）	5.0	2.2	2.9	11.7	1.1	1.0	3.9	27.8
	粤方言区	人数（人）	409	1777	43	53	363	189	30	2864
		占该方言区人数百分比（％）	14.3	62.0	1.5	1.9	12.7	6.6	1.0	100.0
		占讲该方言人数百分比（％）	22.0	56.5	4.7	4.1	66.1	9.1	6.5	27.8
		占总样本量百分比（％）	4.0	17.2	0.4	0.5	3.5	1.8	0.3	27.8
	西南官话区	人数（人）	468	18	443	1	73	56	15	1074
		占该方言区人数百分比（％）	43.6	1.7	41.3	0.1	6.8	5.2	1.4	100.0
		占讲该方言人数百分比（％）	25.2	0.6	48.3	0.1	13.3	2.7	3.3	10.4
		占总样本量百分比（％）	4.5	0.2	4.3	0.0	0.7	0.5	0.1	10.4

续表

		在家与爸爸妈妈讲什么话							合计
		普通话	白话	桂柳话	平话	壮语	客家话	其他	
合计	人数（人）	1859	3147	918	1290	549	2087	461	10311
	占该方言区人数百分比（%）	18.0	30.5	8.9	12.5	5.3	20.2	4.5	100.0
	占讲该方言人数百分比（%）	100.0	100.0	100.0	100.0	100.0	100.0	100.0	100.0
	占总样本量百分比（%）	18.0	30.5	8.9	12.5	5.3	20.2	4.5	100.0

由表 2-7 可看出，在普通话一栏中，使用普通话与爸爸妈妈交流的达到 1859 人，占总样本量的 18.0%，比平辈使用普通话人数所占比例少了 7.8 个百分点，平话区人数所占比重最多，为 5%，其次是西南官话区，为 4.5%；其中南普区达到 368 人，占该区所有调查人数的 67.8%，即该区 543 人中有将近 68% 的中小学生都用普通话与父母交流，继南普区之后使用普通话与父母交流占该区所有人数比重第二的是西南官话区，达到 43.6%，即西南官话区中有 43.6% 的中小学生使用普通话与父母交流，超过使用桂柳话与父母交流 2.4 个百分点；值得一提的是，使用白话与父母交流的总人数超过了粤方言区本身调查人数，达到 3147 人，比粤方言区所有人数多出了 283 人，除了白话在粤方言区本身调查人数比较多的原因之外，在南普区、客家话方言区，白话也占了不小的比重，南普区中讲白话的人占比达到 22.7%，客家话方言区讲白话的人占 33.7%，达到 998 人。

3. 与祖辈使用普通话情况

就与祖辈使用普通话情况，我们从"在家与爷爷奶奶讲什么话"、"在家与外公外婆讲什么话"中提取普通话的数据，总结如表 2-8。

表 2-8　与祖辈使用普通话情况

方言区	与爷爷奶奶			与外公外婆		
	占总样本量		占该区调查人数比重	占总样本量		占该区调查人数比重
	人数	百分比		人数	百分比	
南普区	213	2.1%	39.2%	261	2.5%	48.1%
客家话方言区	122	1.2%	4.8%	236	2.3%	9.1%

续表

方言区	与爷爷奶奶			与外公外婆		
	占总样本量		占该区调查人数比重	占总样本量		占该区调查人数比重
	人数	百分比		人数	百分比	
平话区	200	1.9%	7.0%	336	3.3%	11.7%
粤方言区	211	2.0%	7.4%	254	2.5%	8.9%
西南官话区	295	2.9%	27.6%	329	3.2%	30.9%
总计	1041	10.1%	—	1416	13.7%	—

由表 2-8 可知，在家与爷爷奶奶讲普通话总人数为 1041，占总样本量的 10.1%，而与外公外婆使用普通话总人数为 1416，比在家与爷爷奶奶讲普通话占比多了 3.6 个百分点，总体上看，相对于与爷爷奶奶讲普通话，无论是使用普通话总人数及其比重，还是占该区调查总人数比重，与外公外婆使用普通话的人数和比例都明显较高，说明随着亲属关系的疏远，中小学生更倾向于使用普通话与其交流。而无论是与爷爷奶奶，还是与外公外婆使用普通话，南普区和西南官话区依然是使用普通话人数占该区调查人数比重最大的两个区。

4. 父辈之间使用普通话情况

首先是父辈之间语言使用的情况。我们只考察了"爸爸对妈妈说什么话"，提取出使用普通话的情况如表 2-9。

表 2-9　爸爸对妈妈说什么话与方言区列联表

			方言区					合计
			南普区	客家话方言区	平话区	粤方言区	西南官话区	
爸爸对妈妈说什么话	普通话	人数（人）	212	170	369	179	290	1220
		占该方言区人数百分比（%）	39.0	5.8	12.9	6.3	27.1	—
		占总样本量百分比（%）	2.1	1.6	3.6	1.7	2.8	11.8

由表 2-9 可知，父母之间使用普通话交流的人数为 1220，占总样本量的 11.8%；从人数来看，平话区父母之间使用普通话交流人数最多，达到 369 人，占总样本量的 3.6%，占平话区调查总人数的 12.9%，南普区

和西南官话区仍然是父母间使用普通话人数占该区语言使用比重最大的两个区，各有212人和290人，比例达39%和27.1%。

其次是父辈与祖辈之间使用普通话的情况。我们从父母与各自父辈之间的语言使用情况来考察，共分为"爸爸与爷爷奶奶讲什么话"及"妈妈与外公外婆讲什么话"两个部分，从中提取出使用普通话的情况，结果如表2－10和表2－11。

表2－10　爸爸与爷爷奶奶讲什么话与方言区列联表

			方言区				合计
			南普区	客家话方言区	平话区	西南官话区	
爸爸与爷爷奶奶讲什么话	普通话	人数（人）	128	75	286	134	623
		占该方言区人数百分比（%）	23.6	3.0	10.0	12.5	—
		占总样本量百分比（%）	1.2	0.7	2.8	1.3	6.0

表2－11　妈妈与外公外婆讲什么话与方言区列联表

			方言区				合计
			南普区	客家话方言区	平话区	西南官话区	
妈妈与外公外婆讲什么话	普通话	人数（人）	122	97	285	143	647
		占该方言区人数百分比（%）	22.5	3.7	10.0	13.4	—
		占总样本量百分比（%）	1.2	0.9	2.8	1.4	6.3

由表2－10和表2－11可知，父母与各自父辈之间使用普通话的人数差不多，都占总样本量的6%左右，结合表2－9可知，父母之间使用普通话的人数比与祖辈之间使用普通话的人数大约多出6个百分点，说明普通话的使用倾向于年轻化；而父亲对自己父辈使用普通话人数略少于母亲对自己父辈使用普通话人数0.3个百分点，也从侧面反映男女在使用共同语上存在的细微差别；南普区和西南官话区使用普通话人数占该地区调查总人数比重依然居于前列。

5. 祖辈之间使用普通话情况

这里主要考察祖辈之间使用普通话的情况,从"爷爷对奶奶说什么话"及"外公对外婆说什么话"两方面看,结果如表2-12和表2-13。

表2-12　爷爷对奶奶说什么话与方言区列联表

			方言区					合计
			南普区	客家话方言区	平话区	粤方言区	西南官话区	
爷爷对奶奶说什么话	普通话	人数（人）	129	79	107	0	132	447
		占该方言区人数百分比（%）	23.8	3.3	3.7	0.0	12.5	—
		占总样本量百分比（%）	1.2	0.8	1.0	0.0	1.3	4.3

表2-13　外公对外婆说什么话与方言区列联表

			方言区					合计
			南普区	客家话方言区	平话区	粤方言区	西南官话区	
外公对外婆说什么话	普通话	人数（人）	128	103	154	16	136	537
		占该方言区人数百分比（%）	23.6	4.1	5.4	0.6	12.8	—
		占总样本量百分比（%）	1.2	1.0	1.5	0.2	1.3	5.2

由表2-12和表2-13可知外公对外婆使用普通话的人数多于爷爷对奶奶使用普通话的人数,超过了0.9个百分点;结合表2-10和表2-11中总人数,可知祖辈之间用普通话的人数相对于父辈对祖辈用普通话人数较少;南普区和西南官话区在祖辈使用普通话上基本持相同的水平且使用人数占该区人数比重依然位于前列。

6. 小结:家庭中国家通用语言使用的特点

(1) 普通话使用的代际变化。关于代际使用普通话的变化情况,首先中小学生本身存在与平辈、与父辈、与祖辈交流三种情况。对于中小学生来说,使用普通话的人数与辈分的高低成反比,与平辈使用普通话的频率最高,随着辈分变高使用普通话频率变低,跟祖辈使用普通话的频率最低。父辈本身也存在父辈之间、父辈与祖辈使用普通话的情况,跟中小学生相比，父辈与平辈（即父辈之间）使用普通话的频率又少于中小学生与平辈使用普通话的频率，父辈与祖辈使用普通话的频率也少于中小学生与祖辈使用普通话的频率。祖辈之间使用普通话的频率很低。

总的来说，普通话的使用频率随着辈分变高而降低，家庭中年青一辈倾向于使用普通话，父辈倾向于使用双语，祖辈更倾向于使用方言。

（2）各方言区家庭使用普通话的特点。关于各方言区使用普通话的情况，从总体数据来看，无论是平辈、父辈还是祖辈，南普区使用普通话的人数比例都遥遥领先，即南普区是家庭中使用普通话频率最高的地区。其中原因不难理解，汉语本身在广西就具有很大的影响力，自从普通话于1982 年被写进《中华人民共和国宪法》，它就具有明确的法律地位，从而成为全国通用的语言。南宁是广西首府，其人员来自广西各地和全国各地，语言情况复杂，出于交流的需要，必须使用一种可以满足各种人群之间交际的语言，能满足这种需要的自然是普通话。相对于其他方言区而言，生活在经济较发达的省域中心城市中的家庭肯定更早地受到周围语言环境的影响，普通话在家庭中普及得更早。

除了南普区，平话区、客家话方言区、粤方言区家庭中使用频率最高的还是该区所调查的方言，这也是当地的强势方言，这部分人数最多，说明在广西，家庭还是汉语方言的主要阵地。西南官话区家庭中使用普通话的频率排在南普之后，中小学生与平辈使用普通话的人数比例甚至超过当地的强势方言（桂柳话），说明西南官话区中家庭使用普通话的频率也非常高。西南官话区的代表地是柳州市，其在广西经济发展中以强大的工业体系稳居第二，表明经济越发达的地区，家庭中普通话的普及率越高。

（3）家庭中普通话使用的性别特点。关于性别与普通话使用的情况，首先看平辈。表 2－6 普通话一栏中女生使用普通话人数占总样本量的比例比男生多出 1.6 个百分点；而从男女各自人数来看，男生中有 24.3%、女生中有 27.2% 的人使用普通话与平辈交流，女生比男生多出近 3 个百分点，说明在中小学生中女生比男生更倾向于使用普通话。而在父辈与祖辈使用普通话情况中，妈妈对外公外婆说普通话的频率也稍高于爸爸对爷爷奶奶使用普通话的频率，也反映了女性更倾向于使用共同语。

（4）亲属关系远近对家庭使用普通话的影响。关于亲属关系亲疏远近

与使用普通话的情况，在平辈中，表2－8反映的是"与爷爷奶奶"及
"与外公外婆"使用普通话的不同之处，与爷爷奶奶使用普通话的频率比
与外公外婆使用普通话的频率少了3.6个百分点；而与爸爸妈妈使用普通
话的频率要比与爷爷奶奶使用普通话多近7个百分点，这说明普通话使用
频率除与代际有关之外，也会跟亲属关系的亲疏远近有关。在父系亲属
中，中小学生与父辈使用普通话频率要比与祖辈使用普通话频率高，普通
话使用频率与亲疏关系成反比；而在母系亲属中，使用普通话的频率要高
于在父系亲属中使用普通话的频率。

出现这种情况的主要原因是随着社会流动加快，不同方言区以及民汉
通婚的情况越来越普遍，一般情况下中小学生是在父系亲属的语言环境中
成长，而对母系亲属的语言环境接触甚少，对母系亲属的语言知之甚少，
缺乏母系亲属语言习得环境，假如父系亲属与母系亲属之间的语言相差很
大（如民汉），而居住距离又远，就更不可能时时接触母系亲属的语言环
境，所以在与母系亲属交流中，可能更倾向于使用共同语。

（四）学校中国家通用语言使用情况

调查学校普通话使用情况主要从中小学生平时接触最多的两类人入
手，一类是老师，另一类是同学，为此分别从设置的两个问题入手，即
"下课与老师说什么话"及"下课与同学说什么话"，至于"上课时用什
么话"，在这里不做选择，因为现在大部分中小学校主要的教学语言还是
普通话，下课后的环境不同于严谨的课堂环境，考察下课后交流的语言更
容易看出普通话在学校的普及程度。

由表2－14和表2－15可知，有8338名中小学生课后用普通话与老师
交流，占总样本量的80.8%，而下课后与同学用普通话交流的人数明显少
于前者，只有4680人，占总样本量的45.3%，前者比后者多出35.5个百
分点，这说明在中小学校老师和学生之间使用普通话的占绝大多数。在表
2－14中，各方言区使用普通话的人数都超过了该区调查总人数的70%，
南普区有98.9%的中小学生下课后与老师讲普通话，超过90%的还有西南
官话区，达到93.9%，比南普区仅少了5个百分点。表2－15中，除南普
区外，其他各区使用普通话人数明显少于下课对老师讲普通话的人数，南

普区中小学生下课后对同学讲普通话人数为 495 人，占该区调查总人数的 91.2%，比下课后对老师讲普通话人数少 7.7 个百分点。但总的来说，无论是下课后对老师讲普通话还是对同学讲普通话的比例，南普区都超过了 90%，说明在南普区的中小学校普通话普及率很高，基本上已经成为共同的沟通语言；客家话方言区和平话区下课后对同学讲普通话人数，无论是占总样本量的比例还是占该区总人数比例，都比表 2 – 14 中的相应数据少一半以上，说明这两个方言区的中小学生对自己本地方言仍然存在较深厚的感情，特别是客家人，牢记"宁卖祖宗田，不忘祖宗言"，在课堂之外的场合，使用客家话人数占该区所有人数的比例相对于其他方言区使用本地强势方言的频率高很多。

表 2 – 14　下课与老师说什么话与方言区列联表

			方言区					合计
			南普区	客家话方言区	平话区	粤方言区	西南官话区	
下课与老师说什么话	普通话	人数（人）	537	2211	2450	2130	1010	8338
		占该方言区人数百分比（%）	98.9	74.5	85.4	74.4	93.9	—
		占总样本量百分比（%）	5.2	21.4	23.7	20.6	9.8	80.8

表 2 – 15　下课与同学说什么话与方言区列联表

			方言区					合计
			南普区	客家话方言区	平话区	粤方言区	西南官话区	
下课与同学说什么话	普通话	人数（人）	495	1111	927	1456	691	4680
		占该方言区人数百分比（%）	91.2	38.1	32.3	50.8	64.1	—
		占总样本量百分比（%）	4.8	10.7	9.0	14.1	6.7	45.3

（五）社区公共空间国家通用语言使用情况

社区的空间是一个由空间序列构成的连续体系，一条完整的空间序列应该包含公共空间、半公共空间、半私人空间和私人空间四个部分，它们之间由柔性的边界相互联系和过渡。① 本小节主要讨论公共空间国家通用语言的使用情况，这里的"公共空间"指的是可以供社区居民共同使用的空间，包括社区入口、主要道路、会所、广场、大面积的公共绿地等，公共空间国家通用语言的使用主要从三个问题来考察，即"你在家中附近小商店讲什么话"、"你在本地超市或商场讲什么话"、"你在公车上问路时讲什么话"，对比结果如表 2 - 16、表 2 - 17 和表 2 - 18。

表 2 - 16　在家中附近小商店讲什么话与方言区列联表

			方言区					合计
			南普区	客家话方言区	平话区	粤方言区	西南官话区	
在家中附近小商店讲什么话	普通话	人数（人）	457	912	540	840	471	3220
		占该方言区人数百分比（%）	84.2	30.8	18.8	29.3	43.8	—
		占总样本量百分比（%）	4.4	8.8	5.2	8.1	4.6	31.2

表 2 - 17　在本地超市或商场讲什么话与方言区列联表

			方言区					合计
			南普区	客家话方言区	平话区	粤方言区	西南官话区	
在本地超市或商场讲什么话	普通话	人数（人）	510	1954	1063	1580	729	5836
		占该方言区人数百分比（%）	93.9	65.9	37.1	55.2	67.9	—
		占总样本量百分比（%）	4.9	18.9	10.3	15.3	7.1	56.6

表 2 - 18　在公车上问路时讲什么话与方言区列联表

			方言区					合计
			南普区	客家话方言区	平话区	粤方言区	西南官话区	
在公车上问路时讲什么话	普通话	人数（人）	508	772	1430	1528	746	4984
		占该方言区人数百分比（%）	93.6	26.3	49.8	53.4	69.8	—
		占总样本量百分比（%）	4.9	7.5	13.8	14.8	7.2	48.2

---

① 张鸿雁，胡小武. 城市角落与记忆Ⅱ：社会更替视角 [M]. 南京：东南大学出版社，2008：4.

由表 2-16、表 2-17 和表 2-18 可知中小学生在超市或商场使用普通话的频率最高，为 5836 人，占总样本量的 56.6%，其次是公车问路时使用普通话的情况，人数为 4984 人，占总样本量的 48.2%；在家中附近小商店使用普通话的频率最低，仅有 31.2%。从总样本量与各区使用普通话人数的关系来看，客家话方言区和粤方言区的中小学生在家中附近小商店、在超市或商场使用普通话人数占总样本量比例较高，在家中附近小商店使用普通话频率各为 8.8%、8.1%，在超市或商场使用普通话的频率各为 18.9%、15.3%；在公车问路使用普通话情况中，粤方言区和平话区是使用人数占总样本量比例最多的两个区，分别达到 14.8%、13.8%。从各区使用普通话人数占该区总人数比例来看，南普区三种情况下使用普通话人数比例都达到最多，三种情况下使用普通话人数占该区总人数的比例分别为 84.2%、93.9%、93.6%，其次是西南官话区，分别为 43.8%、67.9%、69.8%；在超市或商场，除南普区和西南官话区外，客家话方言区和粤方言区中小学生使用普通话人数占该区总人数的比例也非常高，分别达到 65.9%、55.2%；公车问路时，除南普区和西南官话区外，平话区和粤方言区的中小学生使用普通话的频率也都在 50% 左右，分别为 49.8% 及 53.4%。

（六）国家通用语言使用专项分析

前面 2 至 5 节是从南普、客家话、平话、粤语及西南官话各区数据中专门提取出普通话的使用情况数据，而在本节中，来自问卷的所有问题均是针对普通话而设置的，从这些数据中我们可以窥探全区中小学生在普通话能力、学习普通话的原因、途径及遇到的问题等方面的整体情况。

1. 普通话能力

主要从两个问题来看，一个是语言能力，即"你现在能说几种语言"，其中设置的回答有"普通话"、"普通话及一种方言"等 5 个选项，从这个问题能全面了解现在中小学生语言掌握概况；另外一个是针对普通话设置的问题，即"你普通话掌握的程度如何"，有"能流利准确地使用"、"能熟练使用但有些音不准"等 5 个回答选项。

首先看语言能力。表 2-19 中，前 3 项都可以归为"至少会普通话"一类，总人数为 8389 人，累计百分比为 81.5%，说明中小学生中有 81.5%

至少会说普通话一种语言，而表中第四、第五项均可归入"不会普通话"一类，有 1898 人，占总样本量的比例为 18.4%。

表 2 - 19　现在会哪几种话

	样本数（人）	占比（%）	有效百分比（%）	累计百分比（%）
普通话	615	6.0	6.0	6.0
普通话及其他一种语言	5405	52.3	52.5	58.5
普通话及其他两种或以上不同语言	2369	22.9	23.0	81.5
一种方言或少数民族语言	1622	15.7	15.8	97.3
两种及以上普通话之外的语言	276	2.7	2.7	100.0
合计	10287	99.5	100.0	
缺失值	48	0.5		
合计	10335	100.0		

　　在了解中小学生语言能力概况之后，我们再从 8389 个"至少会普通话"的人中考察其普通话的熟练程度。关于普通话熟练程度，问卷问题"您的普通话的掌握程度如何"中，设置的答案中有"能听懂但不太会说"、"听不懂也不会说"两个选项，与接下来要考察的"普通话掌握程度"不一致（因为前提是"至少会普通话"），我们把这两个答案归为"不会普通话"一类，因而凡出现"听不懂也不会说"的个案我们均排除，经过使用条件筛选功能后计算结果请看表 2 - 20。表中的缺失值不是真正的缺失值，而是排除"不会普通话"一类、"听不懂也不会说"选项之后自动产生的空白记录。

　　可以看到，表 2 - 20 经过条件筛选后得出的样本总数与表 2 - 19 中"至少会普通话"总人数对应，都为 8389 人，符合前提条件。由表 2 - 20 可知，"能流利准确地使用"普通话的人数最多，有 6618 人，占所有会普通话人数的有效百分比为 78.9%，其次是"熟练地使用但有些音不准"，共 1509 人，占所有会普通话人数的 18.0%，"基本能交谈但不太熟练"的共 259 人，占所有会普通话人数的 3.1%，而"能听懂但不太会说"的才 3 人，几乎不占比例，所以总的来说，这 8389 人的普通话掌握程度为"至少能交谈"。

表 2 – 20   普通话的熟练情况

		样本数 （人）	占比 （%）	有效百分比 （%）	累计百分比 （%）
	能流利准确地使用	6618	64.0	78.9	78.9
	能熟练地使用但有些音不准	1509	14.6	18.0	96.9
	基本能交谈但不太熟练	259	2.5	3.1	100.0
	能听懂但不太会说	3	0.0	0.0	100.0
	合计	8389	81.2	100.0	
缺失值		1946	18.8		
	合计	10335	100.0		

2. 使用普通话的频率

问卷中关于普通话使用频率的问题，一个是"你使用普通话的情况"，回答选项基本上有"所有情况下使用"、"大多数情况下使用"、"极少使用"等6个，另外一个是"你常用下面的语言吗"，由于第二个问题设置的选项个数不统一，所以选了备选答案比较统一的第一个问题的数据。

首先来看各个方言区普通话使用频率的情况。南普区的问卷中未做此类问题的调查，所以该问题只涉及四个方言区的情况，通过交叉列联表可以清晰地看出四个方言区在使用普通话频率上的不同，见表2 – 21。

表 2 – 21   普通话使用频率与方言区列联表

			方言区				合计
			客家话方言区	平话区	粤方言区	西南官话区	
普通话 使用频率	所有 情况 下使用	频数	565	336	378	301	1580
		理论频数	470.1	468.9	468.8	172.2	1580.0
		占该情况人数 百分比（%）	35.8	21.3	23.9	19.1	100.0
		占该区调查总人数 百分比（%）	19.9	11.8	13.3	28.9	16.5
		占总体 百分比（%）	5.9	3.5	4.0	3.1	16.5

续表

			方言区				合计
			客家话方言区	平话区	粤方言区	西南官话区	
普通话使用频率	大多数情况下使用	频数	1585	1894	1993	624	6096
		理论频数	1813.7	1809.2	1808.6	664.5	6096.0
		占该情况人数百分比（%）	26.0	31.1	32.7	10.2	100.0
		占该区调查总人数百分比（%）	55.7	66.8	70.3	59.9	63.8
		占总体百分比（%）	16.6	19.8	20.8	6.5	63.8
	少数情况下使用	频数	448	399	307	101	1255
		理论频数	373.4	372.5	372.3	136.8	1255.0
		占该情况人数百分比（%）	35.7	31.8	24.5	8.0	100.0
		占该区调查总人数百分比（%）	15.8	14.1	10.8	9.7	13.1
		占总体百分比（%）	4.7	4.2	3.2	1.1	13.1
	极少使用	频数	203	108	121	11	443
		理论频数	131.8	131.5	131.4	48.3	443.0
		占该情况人数百分比（%）	45.8	24.4	27.3	2.5	100.0
		占该区调查总人数百分比（%）	7.1	3.8	4.3	1.1	4.6
		占总体百分比（%）	2.1	1.1	1.3	0.1	4.6
	只听广播看电视	频数	29	83	36	4	152
		理论频数	45.2	45.1	45.1	16.6	152.0
		占该情况人数百分比（%）	19.1	54.6	23.7	2.6	100.0
		占该区调查总人数百分比（%）	1.0	2.9	1.3	0.4	1.6
		占总体百分比（%）	0.3	0.9	0.4	0.0	1.6

			方言区				合计
			客家话方言区	平话区	粤方言区	西南官话区	
普通话使用频率	从不使用	频数	14	17	1	1	33
		理论频数	9.8	9.8	9.8	3.6	33.0
		占该情况人数百分比（%）	42.4	51.5	3.0	3.0	100.0
		占该区调查总人数百分比（%）	0.5	0.6	0.0	0.1	0.3
		占总体百分比（%）	0.1	0.2	0.0	0.0	0.3
合计		频数	2844	2837	2836	1042	9559
		理论频数	2844.0	2837.0	2836.0	1042.0	9559.0
		占该情况人数百分比（%）	29.8	29.7	29.7	10.9	100.0
		占该区调查总人数百分比（%）	100.0	100.0	100.0	100.0	100.0
		占总体百分比（%）	29.8	29.7	29.7	10.9	100.0

可知四个方言区共有 9559 人回答了此问题，其中"所有情况下使用"的人数为 1580 人，占四个区调查总人数的 16.5%，客家话方言区"所有情况下使用"的人数最多，有 565 人，其他方言区都在 300~380 人；"大多数情况下使用"的人数最多，为 6096 人，占四个区调查总人数的63.8%，其中粤方言区、平话区人数占的比例最多，都超过 30%；"少数情况下使用"人数共有 1255 人，占四个区人数的 13.1%，其中客家话方言区和平话区所占比例最多，都超过了 30%，分别为 35.7% 和 31.8%；而"极少使用"、"只听广播看电视"、"从不使用"所占的比例很小，分别为 4.6%、1.6%、0.3%，加起来共占 6.5%。从"普通话使用频率"与各区调查总人数关系来看：西南官话区"所有情况下使用"人数为 301，占该区调查总人数 28.9%，超过其他三个方言区"所有情况下使用"人数占各自调查总人数比例；各方言区"大多数情况下使用"人数都超过各自调查总人数的 55.0%，其中粤方言区比例最高，为 70.3%，即该区有

70.3%的人大多数情况下使用普通话；客家话方言区"少数情况下使用"的人数为448，占客家话方言区调查总人数15.8%，其他三个方言区"少数情况下使用"的人数占各自区域调查总人数的比例都少于客家话方言区。

3. 学习普通话的原因和途径

主要来自问卷中的两个问题，一个是"你为什么要学普通话"，一个是"你是如何学普通话的"，因为是多选题，所以在统计的时候采用多选项二分法进行分计，再对每个选项进行多重响应分析，结果如表2-22、表2-23所示。

表2-22　学习普通话的原因（多选题）

	频数（人次）	百分比（%）	个案数百分比（%）
学校提倡	4075	26.1	42.1
个人兴趣	2834	18.2	29.3
为了同更多人交往	7307	46.8	75.5
为了找到更好的工作	846	5.4	8.7
其他原因或无法回答	539	3.5	5.6
合计	15601	100.0	161.1

表2-23　学习普通话的途径（多选题）

	频数（人次）	百分比（%）	个案数百分比（%）
学校教育	7714	40.9	76.7
广播电视报纸等媒体	3447	18.3	34.3
社会交往	3608	19.1	35.9
亲人朋友影响	3213	17.0	31.9
没怎么学	79	0.4	0.8
其他途径	794	4.2	7.9
合计	18855	100.0	187.4

表 2 - 22、表 2 - 23 是对学习普通话的原因和学习普通话的途径进行的多选项频数分析，统计方法是将选项分成五个小问题，如"学校教育"选项分解成"是不是学校教育"，设置的值标签是"1 = 是，2 = 否"两个选项，统计的时候计算各个问题选"1"的频数有多少。表 2 - 22 是对中小学生学习普通话原因的频数统计，所有原因加起来共 15601 人次，中小学生中有 46.8% 的人学习普通话是为了同更多人交往，有 26.1% 的人是因为学校提倡而学习普通话，有 18.2% 的人是出于个人兴趣而学习普通话，还有 5.4% 的人学习普通话是为了将来能找到更好的工作。将各原因从大到小排列依次是：为了同更多人交往 > 学校提倡 > 个人兴趣 > 为了找到更好的工作。

表 2 - 23 是对学习普通话途径的多选项统计，总回答次数为 18855 次，其中学校教育是中小学生学习普通话最主要的途径，回答数有 7714 人次，占所有回答次数的 40.9%，有 19.1% 的中小学生通过社会交往学习普通话，回答数为 3608 人次，通过广播电视媒体和通过亲人朋友影响学习普通话的为 3447、3213 人次，占所有回答次数的 18.3% 和 17.0%，通过其他途径学习普通话也达 794 人次，占所有回答数的 4.2%，"没怎么学"回答数为 79 人次，均来自南普区的数据，占总数 0.4%。将各个学习途径从大到小排列依次是：学校教育 > 社会交往 > 媒体 > 亲人朋友影响 > 其他。

4. 学习普通话遇到的问题：以南普区和客家话方言区为例

"学习普通话遇到的问题"只有南普区和客家话方言区的问卷中有涉及，所以本小节的讨论就以南普区和客家话方言区为代表。备选答案分别是"周围人都不说，说的机会少"、"受方言影响口音很难改正"、"觉得自己说不好怕别人笑话"、"其他问题或无法回答"。南普区有一部分中小学生在"其他问题或无法回答"选项中填上"没问题"，因为有一定数量，而且比较特殊，所以提取出来再独立设置"没问题"值标签。为了更好地了解两个区中小学生在学习普通话时遇到的问题，我们制作了交叉列联表进行对比（见表 2 - 24）。

表 2 - 24　方言区与学习普通话遇到的问题列联表

			学习普通话遇到的问题					合计
			周围人都不说，说的机会少	受方言影响口音很难改正	觉得自己说不好怕别人笑话	没问题	其他问题或无法回答	
方言区	南普区	频数	87	185	88	120	60	540
		理论频数	159.2	210.9	33.3	19.2	117.5	540.0
		占该区调查总人数百分比（%）	16.1	34.3	16.3	22.2	11.1	100.0
		占该问题人数百分比（%）	8.7	14.0	42.3	100.0	8.2	16.0
		占两区调查总人数百分比（%）	2.6	5.5	2.6	3.6	1.8	16.0
	客家话方言区	频数	909	1134	120	0	675	2838
		理论频数	836.8	1108.1	174.7	100.8	617.5	2838.0
		占该区调查总人数百分比（%）	32.0	40.0	4.2	0.0	23.8	100.0
		占该问题人数百分比（%）	91.3	86.0	57.7	0.0	91.8	84.0
		占两区调查总人数百分比（%）	26.9	33.6	3.6	0.0	20.0	84.0
合计		频数	996	1319	208	120	735	3378
		理论频数	996.0	1319.0	208.0	120.0	735.0	3378.0
		占该区调查总人数百分比（%）	29.5	39.0	6.2	3.6	21.8	100.0
		占该问题人数百分比（%）	100.0	100.0	100.0	100.0	100.0	100.0
		占两区调查总人数百分比（%）	29.5	39.0	6.2	3.6	21.8	100.0

　　由表 2 - 24 可知，总体来看，"受方言影响口音很难改正"是中小学生学习普通话遇到的最大问题，共有 1319 人，占两个方言区调查总人数的 39.0%，其中客家话方言区有 1134 人，占两个方言区调查总人数的 33.6%；占人数比例第二多的问题是"周围人都不说，说的机会少"，共有 996 人，占两个方言区调查总人数的 29.5%，其中客家话方言区在该问题上选的人

数达到 909 人，占两个方言区调查总人数的 26.9%；占人数比例第三多的是"其他问题或无法回答"，共 735 人，占两个区总体比例达 21.8%。从各个区本身来看，南普区和客家话方言区中小学生学习普通话遇到的最大的问题都是"受方言影响口音很难改正"，其中南普区有 185 个中小学生选了该选项，占南普区调查总人数的 34.3%；"没问题"是南普区中特有的，人数在南普区中排第二，共 120 人，占南普区所有调查人数的 22.2%，即南普区总人数中有 22.2% 的中小学生认为自己在学习普通话过程中没有任何问题；客家话方言区中小学生学习普通话遇到的第二大问题是"周围人都不说，说的机会少"，而"其他问题或无法回答"的共 675 人，南普区中小学生选择该项的仅有 60 人。总的来说，南普区中小学生学习普通话遇到的问题按从大到小顺序排列依次为方言影响 > 没问题 > 怕别人笑话 > 说的机会少 > 其他，客家话方言区问题次序为方言影响 > 说的机会少 > 怕别人笑话 > 其他。

第三章

西南官话、粤语、客家话、平话区域、普通话区域变体区域国家通用语言态度分析

  语言态度作为社会心理现象实质上反映的是人们对语言变体（包括语言和方言，下同）的社会文化价值的认识和评价，从客观上看，语言的生命在于使用，对语言态度起决定作用的因素是这种语言变体是否为人们所使用，以及与此相联系的语言变体的社会文化功能。人们在对一种语言变体做出评价时，并不是以它的结构特点为依据，而是立足于它的社会文化功能及其所反映或代表的历史和文化特点。也就是说，人们主要从社会文化意义上认识一种语言变体的价值并对其做出相应的评价。因此，一种语言变体在社会中的交际功能、使用人口，以及使用该语言变体的集团在一定社区中的社会、经济、文化地位等因素都可能成为人们对其价值做出评价的标准和依据。从主观上看，语言人的实际需要、感情、兴趣等也是影响语言态度的重要因素。一般而言，一种语言变体的社会文化功能越强，人们对这种语言或语言变体的评价就会越高；语言人对一种语言或变体的需要越迫切，对这种语言或变体的兴趣就会越浓；需要越迫切，兴趣越浓厚，对这种语言或变体付诸行动的倾向性就越明显，学习和掌握这种语言变体的速度就会越快。久而久之，感情就会随之加深。语言态度的研究不仅是社会语言学中有理论价值的课题，而且对于了解一个民族、一个群体或社团的社会心理特点，对于制定正确的、切实可行的语言规划和教育规划，对于正确处理民族关系以及民族语言工作中的一系列实际问题都具有

重要的实用价值。①

一 中小学生对国家通用语言的态度评价概况

本书中中小学生对普通话的态度主要从其对普通话的主观评价来考察，包括对普通话的情感倾向、普通话的价值、普通话的社会地位及声望等方面，设置的问题依次为"普通话是否好听"、"普通话是否亲切"（情感倾向）、"普通话是否有用"（价值）、"普通话是否有社会影响"（地位及声望），按照程度不同对它们进行打分，1 分为最低分，5 分为最高分。下面先看中小学生对普通话主观评价的概况，所得结果如表 3 - 1 所示。

表 3 - 1 对普通话的整体评价

	平均值	标准差	样本数（人）
普通话是否好听	4.54	0.733	10158
普通话是否亲切	4.43	0.813	9988
普通话是否有用	4.65	0.682	9953
普通话是否有社会影响	4.06	1.409	9605

由表 3 - 1 可以看到，四个问题的平均分都超过了 4 分，因此，总的来说，中小学生普遍认为普通话"比较好听"、"比较亲切"、"比较有用"、"比较有社会影响力"，其中对普通话的价值评价最高，平均分为 4.65；其次是在情感倾向上对普通话的评价较高，好听程度的平均分 4.54，亲切程度的平均分为 4.43，对普通话的社会地位及声望评价最低，平均分为 4.06；同时地位及声望的标准差 1.409 比其他三项都高，说明其内部数据差异较其他三项波动稍微大，中小学生对其评价的差异较其他三项大些。这是中小学生对普通话情感倾向、价值、地位的整体评价概况，下面看中小学生对普通话情感倾向、价值、地位的具体评价，结果如表 3 - 2 至表 3 - 5。

---

① 王远新. 论我国少数民族语言态度的几个问题 [J]. 满语研究，1999（1）.

表 3 - 2　普通话是否好听具体评价

		样本数（人）	占比（%）	有效百分比（%）	累计百分比（%）
	1 分	45	0.4	0.4	0.4
	2 分	64	0.6	0.6	1.1
	3 分	1009	9.8	9.9	11.0
	4 分	2244	21.7	22.1	33.1
	5 分	6796	65.8	66.9	100.0
	合计	10158	98.3	100.0	
缺失值		177	1.7		
合计		10335	100.0		

表 3 - 3　普通话是否亲切具体评价

		样本数（人）	占比（%）	有效百分比（%）	累计百分比（%）
	1 分	67	0.6	0.7	0.7
	2 分	114	1.1	1.1	1.8
	3 分	1333	12.9	13.3	15.2
	4 分	2385	23.1	23.9	39.0
	5 分	6089	58.9	61.0	100.0
	合计	9988	96.6	100.0	
缺失值		347	3.4		
合计		10335	100.0		

表 3 - 4　普通话是否有用具体评价

		样本数（人）	占比（%）	有效百分比（%）	累计百分比（%）
	1 分	42	0.4	0.4	0.4
	2 分	52	0.5	0.5	0.9
	3 分	780	7.5	7.8	8.8
	4 分	1558	15.1	15.7	24.4
	5 分	7521	72.8	75.6	100.0
	合计	9953	96.3	100.0	
缺失值		382	3.7		
合计		10335	100.0		

表 3 - 5　普通话是否有社会影响具体评价

		样本数（人）	占比（%）	有效百分比（%）	累计百分比（%）
	1 分	1223	11.8	12.7	12.7
	2 分	373	3.6	3.9	16.6
	3 分	806	7.8	8.4	25.0
	4 分	1397	13.5	14.5	39.6
	5 分	5806	56.2	60.4	100.0
	合计	9605	92.9	100.0	
缺失值		730	7.1		
合计		10335	100.0		

由表 3 - 2 至表 3 - 5 可知，整体来看，无论是对普通话情感倾向的评价还是对其价值、地位的评价，5 分段人数及比例最多，1 分段人数及比例最少（普通话地位评价除外），每个分数段评价的人数及比例与分数高低变化成正比，分数越高，评价人数越多。5 分段中，"是否好听"评价人数达 6796 人，占总样本量的有效百分比为 66.9%，"是否亲切"评价人数 6089 人，占总样本量的有效百分比为 61.0%，"是否有用"评价人数有 7521 人，占总样本量的有效百分比为 75.6%，"是否有社会影响"评价人数达 5806 人，占总样本量的有效百分比为 60.4%。结合表 3 - 1 可以看出，"是否有用"的平均分最高，5 分段评价的人数也最多；其次是"是否好听"，平均分排第二，5 分段评价人数也排第二；"是否有社会影响"平均分最低，5 分段评价人数也最少。

这是中小学生对普通话评价的整体情况及具体情况，下面从方言区、性别、年龄等方面具体看社会变项对语言态度评价的影响。

二　社会变项对普通话态度的影响：假设检验的相关理论

由于本研究所涉及的是定类变量与定距变量，因此可以用方差分析、相关分析等方法来检验定类变量对定距变量的影响，即社会变项对普通话态度的影响。"方言区"、"性别"、"年龄"、"母语"等是定类变量或定距变量，对普通话的主观评价都是定距变量，符合方差分析、相关分析中对数据类型的要求。

（一）方差分析（ANOVA）

方差分析技术最常用于分析来自实验设计的实验数据，也可以用来分析来自抽样调查的观测数据，在实际应用中，方差分析用来处理检验各种因素对一个因变量是否有显著的影响。通常自变量（控制因素或控制变量、影响因素）由定类尺度（Nominal）或定序尺度（Ordinal）测量，可以取两个或多个水平或分类；所要检验的对象称为观测因素（观测变量），因素的具体表现为水平，因素的每一个水平可以看作总体，在每个因素下得到的样本值，即为观测值。[①] 方差分析实质上是通过推断控制变量各水平下观测变量的总体分布是否有显著差异来实现其分析目的，而对观测变量总体分布差异是通过对各总体均值是否存在显著差异来推断的。根据控制变量个数可以将方差分析分成单因素方差分析、多因素方差分析和协方差分析。

本书主要讨论单因素方差分析，即研究一个控制变量的不同水平是否对观测变量产生了显著影响。其分析的具体步骤如下。

（1）提出原假设 H_0：原假设为"控制变量的不同水平对观测变量的总体均值无显著差异"。

（2）选择 F 统计量为方差分析的检验统计量，F = 组间平方和/组内平方和。

（3）计算 F 检验统计量的观测值。如果 F 值显著大于1，则说明控制变量对观测变量造成了显著的影响，控制变量对观测变量造成的影响大于随机变量造成的影响，反之，则说明随机变量造成的影响大于控制变量造成的影响。

（4）计算检验统计量的 p 值，将计算所得的检验统计量的 p 值与给定的显著性水平 α 做比较。如果 p 值 < α，则应拒绝原假设，可以认为控制

---

① 高祥宝，董寒清. 数据分析与 SPSS 应用［M］. 北京：清华大学出版社，2007：139.

变量的不同水平对观测变量的差异产生了显著影响；反之，如果 p 值 $> \alpha$，则应接受原假设，认为控制变量的不同水平对观测变量没有显著影响。[①] 显著性水平 α 有 0.05 和 0.01 两个水平，小于 0.05 可以认为有显著影响，小于 0.01 可以认为极有显著影响。

根据变量的类型，分析方言区、性别、母语对普通话态度的影响时采用方差分析方法。

（二）相关分析

相关分析是分析客观事物之间关系的数量分析方法，是分析事物之间相关关系最常用的工具，通过比较相关系数数值的大小，能精确地反映两个变量之间线性相关的强弱程度。具体计算步骤上，一般要先计算出样本相关系数的数值 r；然后通过假设检验，对是否存在显著的线性关系进行判断。虽然算出了相关系数，但还不能判断两个变量之间是否存在线性关系，这就需要看相应的检验统计量的观测值和对应的 p 值。同样，遵循原假设一般为否定句原则，原假设 H_0 为"来自样本的两总体无显著线性关系"，如果 p 值 $< \alpha$，则应拒绝原假设，认为两总体存在显著的线性关系；反之，则应接受原假设，认为两总体不存在相关关系。

另外，相关系数有不同的种类，应针对变量的类型进行正确选择。Pearson 相关系数、Spearman 等级相关系数和 Kendall τ 相关系数等是常用的相关系数，其中 Pearson 相关系数用来度量定距型变量间的相关系数，如收入和储蓄、身高和体重等变量，Spearman 等级相关系数、Kendall τ 相关系数都适用于定序型的变量，但 Kendall τ 相关系数是采用非参数检验的方法来实现的，一般适用于内部差异较大的数据。

根据文中变量的类型，分析年龄、本地生活时间与普通话态度的关系时采用相关分析方法，并且使用 Pearson 相关系数来度量。

---

① 薛薇. 统计分析与 SPSS 的应用（第三版）［M］. 北京：中国人民大学出版社，2011：139.

三 对国家通用语言情感倾向的态度分析：好听程度和亲切程度

（一）方言区对国家通用语言情感倾向的影响

为了从整体上看五个方言区对普通话情感倾向的评价状况，先来看各方言区均值情况及均值图表。

由表 3-6 可知，整体上看，"好听"的平均分为 4.54，"亲切"的平均分为 4.43，两者相差 0.11 分，所有方言区在"好听"方面的平均分都高于"亲切"的平均分；南普区在"好听"和"亲切"上的平均分均比其他四个方言区的平均分低，西南官话区在"好听"和"亲切"上的平均分都比其他方言区高；南普区在"好听"和"亲切"方面的标准差均高于其他四个方言区和总体标准差，说明南普区内部数据差异比其他四个方言区大。

表 3-6 各方言区普通话好听、亲切描述统计

方言区		普通话是否好听	普通话是否亲切
南普区	平均值	4.30	3.92
	标准差	0.992	1.185
客家话方言区	平均值	4.47	4.37
	标准差	0.756	0.815
平话区	平均值	4.55	4.43
	标准差	0.740	0.801
粤方言区	平均值	4.58	4.50
	标准差	0.676	0.740
西南官话区	平均值	4.75	4.67
	标准差	0.558	0.647
合计	平均值	4.54	4.43
	标准差	0.733	0.813

从图 3 - 1、图 3 - 2 可见，"普通话好听程度"走向比"亲切程度"缓和，也是"好听"的标准差小于"亲切"标准差的缘故；"好听程度"均值图中，由客家话方言区到粤方言区的走向较为均匀，从南普区至客家话方言区，从粤方言区至西南官话区都比较陡峭，反映了南普区和客家话方言区、粤方言区和西南官话区两两之间的平均分之差比客家话方言区至粤方言区两两之间平均分之差大，因此中间三个方言区曲线较为平缓、两头曲线较陡峭；"亲切程度"均值图中，南普区到客家话方言区的曲线最为陡峭，从客家话方言区至西南官话区，曲线走向先缓后陡，也正反映了各方言区"亲切"平均分的变化。总的来说，客家话方言区、平话、粤方言区对普通话情感倾向的评价与总样本量的平均值最为接近，南普区对普通话的情感倾向评价最低，西南官话区评价最高。

接下来再通过单因素方差分析看方言区对普通话情感倾向的影响，结果如表 3 - 7 所示。

表 3 - 7　方言区与普通话情感倾向方差分析

		平方和	自由度（df）	均方	F 值	显著性（Sig.）
普通话是否好听	组间	99.529	4	24.882	47.111	0.000
	组内	5362.476	10153	0.528		
	合计	5462.006	10157			
普通话是否亲切	组间	224.450	4	56.113	87.774	0.000
	组内	6382.007	9983	0.639		
	合计	6606.458	9987			

注：表中 df 即 degree of freedom 的缩写，在统计学中，自由度指的是计算某一统计量时，取值不受限制的变量个数。表中 Sig. 即 Significance 的缩写，意为"显著性"，表中的值即统计出的 p 值。下文不赘。

由表 3 - 7 的结果可知，"好听"、"亲切"在不同方言区之间差异的 p 值均为 $0.000 < \alpha = 0.05 < \alpha = 0.01$，所以可以认为不同方言区之间普通话情感倾向的评价差异统计上显著。为进一步检验哪个方言区对普通话情感倾向的评价影响更为显著，我们对这些方言区进行单因素方差多重比较检验。

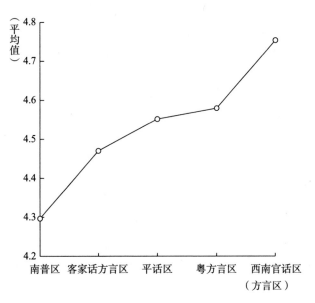

图 3 - 1　普通话好听程度（均值图）

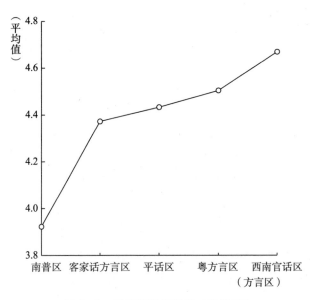

图 3 - 2　普通话亲切程度（均值图）

在进行多重比较检验之前，先来看 SPSS 对方差齐性检验结果，以便决定选择哪种方法进行检验，假若方差齐性，则用 LSD（L）、S－N－K（S）、Duncan（D）等检验方法来进行方言区之间的多重比较，假若方差非齐性，则应该用 Tamhane、Dunnett T3 等方法进行多重比较。下面先来看对方言区与普通话情感倾向、价值、社会地位的方差齐性检验结果（见表3－8）。

表3－8　方言区与普通话态度的方差齐性检验

	Levene Statistic	df1	df2	Sig.
普通话是否好听	115.920	4	10153	0.000
普通话是否亲切	133.647	4	9983	0.000
普通话是否有用	61.351	4	9948	0.000
普通话是否有社会影响	863.869	4	9600	0.000

如表3－8所示，原假设是各方言区对普通话态度评价的方差是齐性的，而表中四个层面的方差齐性检验结果均为 0.000，小于显著性水平0.01，所以应该拒绝原假设，认为各方言区对普通话态度评价的方差是非齐性的。由于各方言区中的方差水平不齐，所以在考察方言区对普通话态度评价的多重比较时，只能采用单因素方差非齐性检验方法，以下方言区对普通话价值、社会地位的多重比较也是如此。下面是普通话情感倾向多重比较结果（见表3－9）。

表3－9　方言区与普通话情感倾向多重比较

	（I）方言区	（J）方言区	好听		亲切	
			MD（I－J）	Sig.	MD（I－J）	Sig.
Tamhane	南普区	客家话方言区	－0.174*	0.001	－0.450*	0.000
		平话区	－0.255*	0.000	－0.511*	0.000
		粤方言区	－0.283*	0.000	－0.582*	0.000
		西南官话区	－0.457*	0.000	－0.747*	0.000
	客家话方言区	南普区	0.174*	0.001	0.450*	0.000
		平话区	－0.081*	0.000	－0.060	0.051
		粤方言区	－0.109*	0.000	－0.132*	0.000
		西南官话区	－0.284*	0.000	－0.297*	0.000

续表

	(I) 方言区	(J) 方言区	好听		亲切	
			MD（I－J）	Sig.	MD（I－J）	Sig.
Tamhane	平话区	南普区	0.255*	0.000	0.511*	0.000
		客家话方言区	0.081*	0.000	0.060	0.051
		粤方言区	－0.028	0.778	－0.071*	0.006
		西南官话区	－0.202*	0.000	－0.237*	0.000
	粤方言区	南普区	0.283*	0.000	0.582*	0.000
		客家话方言区	0.109*	0.000	0.132*	0.000
		平话区	0.028	0.778	0.071*	0.006
		西南官话区	－0.174*	0.000	－0.166*	0.000
	西南官话区	南普区	0.457*	0.000	0.747*	0.000
		客家话方言区	0.284*	0.000	0.297*	0.000
		平话区	0.202*	0.000	0.237*	0.000
		粤方言区	0.174*	0.000	0.166*	0.000
Dunnett T3	南普区	客家话方言区	－0.174*	0.001	－0.450*	0.000
		平话区	－0.255*	0.000	－0.511*	0.000
		粤方言区	－0.283*	0.000	－0.582*	0.000
		西南官话区	－0.457*	0.000	－0.747*	0.000
	客家话方言区	南普区	0.174*	0.001	0.450*	0.000
		平话区	－0.081*	0.000	－0.060	0.051
		粤方言区	－0.109*	0.000	－0.132*	0.000
		西南官话区	－0.284*	0.000	－0.297*	0.000
	平话区	南普区	0.255*	0.000	0.511*	0.000
		客家话方言区	0.081*	0.000	0.060	0.051
		粤方言区	－0.028	0.778	－0.071*	0.006
		西南官话区	－0.202*	0.000	－0.237*	0.000
	粤方言区	南普区	0.283*	0.000	0.582*	0.000
		客家话方言区	0.109*	0.000	0.132*	0.000
		平话区	0.028	0.778	0.071*	0.006
		西南官话区	－0.174*	0.000	－0.166*	0.000

	(I) 方言区	(J) 方言区	好听		亲切	
			MD (I－J)	Sig.	MD (I－J)	Sig.
Dunnett T3	西南官话区	南普区	0.457*	0.000	0.747*	0.000
		客家话方言区	0.284*	0.000	0.297*	0.000
		平话区	0.202*	0.000	0.237*	0.000
		粤方言区	0.174*	0.000	0.166*	0.000
Games-Howell	南普区	客家话方言区	－0.174*	0.001	－0.450*	0.000
		平话区	－0.255*	0.000	－0.511*	0.000
		粤方言区	－0.283*	0.000	－0.582*	0.000
		西南官话区	－0.457*	0.000	－0.747*	0.000
	客家话方言区	南普区	0.174*	0.001	0.450*	0.000
		平话区	－0.081*	0.000	－0.060*	0.041
		粤方言区	－0.109*	0.000	－0.132*	0.000
		西南官话区	－0.284*	0.000	－0.297*	0.000
	平话区	南普区	0.255*	0.000	0.511*	0.000
		客家话方言区	0.081*	0.000	0.060*	0.041
		粤方言区	－0.028	0.577	－0.071*	0.005
		西南官话区	－0.202*	0.000	－0.237*	0.000
	粤方言区	南普区	0.283*	0.000	0.582*	0.000
		客家话方言区	0.109*	0.000	0.132*	0.000
		平话区	0.028	0.577	0.071*	0.005
		西南官话区	－0.174*	0.000	－0.166*	0.000
	西南官话区	南普区	0.457*	0.000	0.747*	0.000
		客家话方言区	0.284*	0.000	0.297*	0.000
		平话区	0.202*	0.000	0.237*	0.000
		粤方言区	0.174*	0.000	0.166*	0.000

注：MD 即 Mean Difference 的缩写，意为均值差、平均差等。下文不赘。

表 3－9 中分别显示了方言区对普通话情感倾向评价均值多重检验的结果。共运用了 Tamhane、Dunnett T3、Games-Howell 三种检验方法，第四列和第六列中的星号（＊）表示在显著性水平为 0.05（默认）的情况下，相应两组的均值均存在显著差异，与第五列和第七列中的 Sig. 相对应，第

五列和第七列分别是检验统计量观测值在不同计算方法中的 p 值，通过 p 值可以看出各方法在检验敏感度上的差异。

对"好听"的评价中，只有粤方言区和平话区的组合对普通话情感倾向的评价的 p 值大于显著性水平 0.05，因此两者之间不存在显著差异。Games-Howell 对其检验的 p 值为 $0.577 > \alpha = 0.05$，Dunnett T3 的检验 p 值为 $0.778 > \alpha = 0.05$，Tamhane 的检验 p 值也为 $0.778 > \alpha = 0.05$，其他两两之间的组合均对普通话情感倾向的评价产生显著差异，而 Games-Howell 对其检验的 p 值为 0.577，小于其他两种方法检验的 p 值，说明 Games-Howell 相对其他两种检验方法而言具有比较高的检验敏感度。

在"亲切"的评价中，整体上两个方言区组合都对其产生差异。只有在客家话方言区与平话区组合对普通话情感倾向的评价中，Tamhane、Dunnett T3 的 p 值为 0.051，稍微大于显著性水平 0.05，而 Games-Howell 具有更高的检验敏感度，其检验的 p 值为 $0.041 < \alpha = 0.05$。从两个 p 值与显著性水平 $\alpha = 0.05$ 差距大小来看，0.051 只稍微大于显著性水平 $\alpha = 0.05$，而 0.041 与显著性水平 $\alpha = 0.05$ 差距更大些，所以我们倾向于 Games-Howell 的检验结果，认为客家话方言区与平话区组合也使"亲切"的评价产生显著差异。

（二）性别对国家通用语言情感倾向的影响

"性别"有且只分为"男"、"女"两类，无法进行单因素方差齐性检验或非齐性检验，从而进一步分析控制变量（性别）不同水平对观测变量（情感倾向）的影响（进行多重比较），所以只能利用单因素方差对性别和情感倾向的关系进行初步分析。以下跟"性别"有关的单因素方差分析均属此类情况，特此说明。性别对普通话情感倾向的影响检验结果如表 3 - 10、表 3 - 11 所示。

表 3 - 10　性别与普通话情感倾向描述统计

		样本数	平均值	标准差	标准误
普通话是否好听	男	5017	4.52	0.756	0.011
	女	5110	4.57	0.710	0.010
	合计	10127	4.54	0.734	0.007

		样本数	平均值	标准差	标准误
普通话 是否亲切	男	4929	4.41	0.839	0.012
	女	5029	4.46	0.787	0.011
	合计	9958	4.43	0.814	0.008

表 3-11　性别与普通话情感倾向方差分析

		平方和	df	均方	F 值	Sig.
普通话 是否好听	组间	7.011	1	7.011	13.040	0.000
	组内	5443.491	10125	0.538		
	合计	5450.502	10126			
普通话 是否亲切	组间	7.037	1	7.037	10.641	0.001
	组内	6583.787	9956	0.661		
	合计	6590.823	9957			

如表 3-11 所示，F 检验值都大于 1，说明控制变量对观测变量的影响大于随机变量；原假设为"不同性别对普通话情感倾向的评价不产生显著影响"，双侧检验结果 Sig. 均小于显著性水平 α，应该拒绝原假设，不同性别之间普通话情感倾向的评价差异显著，不同性别对普通话的情感倾向是不同的。而从表 3-10 的描述统计中可看到，女性对普通话情感倾向评价的平均分都略高于男性对普通话情感倾向的评价，结合两个表，可以认为性别对普通话情感倾向的评价存在差异，且女性对普通话情感倾向的评价略高于男性。

（三）年龄与国家通用语言情感倾向的相关性

由于年龄与评价分数都是定距变量，可以用相关分析来考察年龄与普通话情感倾向的相关性，结果如表 3-12、表 3-13 所示。原假设为"年龄与普通话情感倾向无相关性"，由双侧检验 Sig.（2-tailed）都为 0.000 可知应拒绝原假设，在 α=0.01 水平上，年龄与普通话好听程度、亲切程度都具有显著的相关性，两个星号（**）表示显著性水平为 0.01 时拒绝原假设，一个星号（*）表示显著性水平为 0.05 时拒绝原假设，因此两个星号拒绝原假设犯错误的概率比一个星号更小；再看 Pearson 相关系数（Pearson Correlation），"好听"的相关系数为 -0.080，"亲切"的相关系数为 -0.083，相关系数都小于 1，说明中小学生中，年龄与普通话情感倾向呈负的弱相关性，它们的线性变动方向相反。另外，拒绝"两总体存在零相关"的假设（即认为两总体存在相关性）并不意味着两者就一定存在强的相关性，"是否存在相关性"及"相关性强弱"无必然联系，所以存在相关性与存在弱相关之间并不矛盾，以下的相关分析也同此情况。

表 3 - 12 年龄与好听程度相关分析

		年龄	普通话是否好听
年龄	Pearson Correlation	1	-0.080^{**}
	Sig. (2 - tailed)		0.000
	N	10280	10108
普通话是否好听	Pearson Correlation	-0.080^{**}	1
	Sig. (2 - tailed)	0.000	
	N	10108	10158

$**p < 0.01$。

表 3 - 13 年龄与亲切程度相关分析

		年龄	普通话是否亲切
年龄	Pearson Correlation	1	-0.083^{**}
	Sig. (2 - tailed)		0.000
	N	10280	9940
普通话是否亲切	Pearson Correlation	-0.083^{**}	1
	Sig. (2 - tailed)	0.000	
	N	9940	9988

$**p < 0.01$。

（四）母语对国家通用语言情感倾向的影响

由于"母语"是定类变量，所以采用单因素方差分析进行检验，初步结果如表 3 - 14。

表 3-14　母语与普通话情感倾向方差分析

		平方和	df	均方	F 值	Sig.
普通话 是否好听	组间	49.308	6	8.218	15.399	0.000
	组内	5375.660	10073	0.534		
	合计	5424.968	10079			
普通话 是否亲切	组间	62.895	6	10.482	15.962	0.000
	组内	6507.508	9909	0.657		
	合计	6570.403	9915			

由表 3-14 可知，F 检验值均大于 1，双侧检验结果 Sig. = 0.000，小于显著性水平 0.01，初步得出"母语对普通话情感倾向评价差异产生显著影响"的结论。下面用单因素方差进一步分析具体母语两两组合之间对普通话情感倾向的影响。与"方言区对普通话情感倾向"方差齐性检验一样，这里方差齐性检测结果 Sig. = 0.000，小于显著性水平 0.01，因此也采用 Tamhane、Dunnett T3、Games-Howell 三种检验方法。

由于 Tamhane 与 Dunnett T3 检验结果非常接近，为省篇幅仅采用 Tamhane 与 Games-Howell 两种方法，以下分析如遇类似情况也做此处理，特此说明。单因素方差非齐性检验结果如表 3-15 所示。

表 3-15　母语与普通话情感倾向多重分析

	(I) 方言区	(J) 方言区	好听		亲切	
			MD (I-J)	Sig.	MD (I-J)	Sig.
Tamhane	普通话	白话	0.149*	0.000	0.120*	0.001
		桂柳话	0.042	0.939	0.003	1.000
		平话	0.108*	0.003	0.117*	0.008
		壮语	0.072	0.168	0.043	0.983
		客家话	0.212*	0.000	0.181*	0.000
		其他	0.273*	0.001	0.455*	0.000
	白话	普通话	-0.149*	0.000	-0.120*	0.001
		桂柳话	-0.107*	0.000	-0.117*	0.000
		平话	-0.041	0.861	-0.003	1.000
		壮语	-0.077*	0.020	-0.077	0.053
		客家话	0.063	0.120	0.061	0.299
		其他	0.124	0.732	0.335*	0.001

续表

(I) 方言区	(J) 方言区	好听		亲切	
		MD（I-J）	Sig.	MD（I-J）	Sig.
	普通话	-0.042	0.939	-0.003	1.000
	白话	0.107*	0.000	0.117*	0.000
桂柳话	平话	0.066	0.250	0.114*	0.002
	壮语	0.030	0.998	0.040	0.975
	客家话	0.170*	0.000	0.178*	0.000
	其他	0.231*	0.013	0.452*	0.000
	普通话	-0.108*	0.003	-0.117*	0.008
	白话	0.041	0.861	0.003	1.000
平话	桂柳话	-0.066	0.250	-0.114*	0.002
	壮语	-0.036	0.981·	-0.074	0.199
	客家话	0.104*	0.001	0.064	0.441
	其他	0.165	0.261	0.338*	0.001
	普通话	-0.072	0.168	-0.043	0.983
	白话	0.077*	0.020	0.077	0.053
壮语	桂柳话	-0.030	0.998	-0.040	0.975
Tamhane	平话	0.036	0.981	0.074	0.199
	客家话	0.141*	0.000	0.138*	0.000
	其他	0.201	0.057	0.412*	0.000
	普通话	-0.212*	0.000	-0.181*	0.000
	白话	-0.063	0.120	-0.061	0.299
客家话	桂柳话	-0.170*	0.000	-0.178*	0.000
	平话	-0.104*	0.001	-0.064	0.441
	壮语	-0.141*	0.000	-0.138*	0.000
	其他	0.061	1.000	0.274*	0.018
	普通话	-0.273*	0.001	-0.455*	0.000
	白话	-0.124	0.732	-0.335*	0.001
其他	桂柳话	-0.231*	0.013	-0.452*	0.000
	平话	-0.165	0.261	-0.338*	0.001
	壮语	-0.201	0.057	-0.412*	0.000
	客家话	-0.061	1.000	-0.274*	0.018

	(I) 方言区	(J) 方言区	好听		亲切	
			MD (I−J)	Sig.	MD (I−J)	Sig.
Games-Howell	普通话	白话	0.149*	0.000	0.120*	0.001
		桂柳话	0.042	0.724	0.003	1.000
		平话	0.108*	0.002	0.117*	0.007
		壮语	0.072	0.119	0.043	0.826
		客家话	0.212*	0.000	0.181*	0.000
		其他	0.273*	0.001	0.455*	0.000
	白话	普通话	−0.149*	0.000	−0.120*	0.001
		桂柳话	−0.107*	0.000	−0.117*	0.000
		平话	−0.041	0.618	−0.003	1.000
		壮语	−0.077*	0.016	−0.077*	0.041
		客家话	0.063	0.087	0.061	0.202
		其他	0.124	0.492	0.335*	0.001
	桂柳话	普通话	−0.042	0.724	−0.003	1.000
		白话	0.107*	0.000	0.117*	0.000
		平话	0.066	0.171	0.114*	0.002
		壮语	0.030	0.913	0.040	0.800
		客家话	0.170*	0.000	0.178*	0.000
		其他	0.231*	0.011	0.452*	0.000
	平话	普通话	−0.108*	0.002	−0.117*	0.007
		白话	0.041	0.618	0.003	1.000
		桂柳话	−0.066	0.171	−0.114*	0.002
		壮语	−0.036	0.819	−0.074	0.138
		客家话	0.104*	0.001	0.064	0.292
		其他	0.165	0.176	0.338*	0.001
	壮语	普通话	−0.072	0.119	−0.043	0.826
		白话	0.077*	0.016	0.077*	0.041
		桂柳话	−0.030	0.913	−0.040	0.800
		平话	0.036	0.819	0.074	0.138
		客家话	0.141*	0.000	0.138*	0.000
		其他	0.201*	0.044	0.412*	0.000

续表

（I）方言区	（J）方言区	好听		亲切	
		MD（I－J）	Sig.	MD（I－J）	Sig.
Games-Howell	客家话 普通话	－0.212*	0.000	－0.181*	0.000
	白话	－0.063	0.087	－0.061	0.202
	桂柳话	－0.170*	0.000	－0.178*	0.000
	平话	－0.104*	0.001	－0.064	0.292
	壮语	－0.141*	0.000	－0.138*	0.000
	其他	0.061	0.970	0.274*	0.015
	其他 普通话	－0.273*	0.001	－0.455*	0.000
	白话	－0.124	0.492	－0.335*	0.001
	桂柳话	－0.231*	0.011	－0.452*	0.000
	平话	－0.165	0.176	－0.338*	0.001
	壮语	－0.201*	0.044	－0.412*	0.000
	客家话	－0.061	0.970	－0.274*	0.015

* $p < 0.05$。

　　通过表 3－15 的数据可以看到，Games-Howell 的检验敏感度依然高于 Tamhane。

　　一是在"普通话好听程度"的检验中，"母语"为"普通话、白话、桂柳话、平话、壮语、客家话、其他"7 类中，"母语为普通话"与"母语为桂柳话、壮语"两两组合的 Tamhane、Games-Howell 的 p 值均大于显著性水平 0.05，说明母语为普通话和此两种母语两两组合均对"普通话好听程度"的评价差异不产生显著影响；"母语为白话"与"母语为平话、客家话、其他"的两两组合对普通话情感倾向的评价的 p 值均大于显著性水平 0.05，说明白话与这三种母语两两作用对"普通话好听程度"的评价不产生显著影响，也可以认为它们两两之间对"普通话好听程度"的评价比较接近整体水平；桂柳话与壮语、平话，客家话与其他，这几组 p 值检验结果大于显著性水平 0.05，也表明它们两两之间共同作用对普通话情感倾向的评价不产生显著影响；Games-Howell 检验结论基本上遵循 Tamhane 检验，但具有更高的精确性和更高的敏感度。

　　二是在"普通话亲切程度"的检验中，与"普通话好听程度"相同的是，Tamhane 检验与 Games-Howell 中，"母语为普通话"与"母语为桂柳话、壮语"的 p 值大于显著性水平 0.05，说明它们的共同作用对"普通话亲切程度"的评价不产生显著影响；"母语为其他语言"同其他 6 种语言两两作用的 p 值均小于显著性水平 0.01，说明母语为其他语言同其他 6 类母语组合均对"普通话亲切程度"产生显著影响；白话与平话、壮语，桂柳话与壮语，平话与壮语、客家话几个组合的 p 值大于 0.05，说明这些组合对"普通话亲切程度"的评价不产生显著影响。

总的来说，表 3-15 中，母语之间的作用对普通话情感倾向的评价差异不产生显著影响的情况多于产生显著影响的情况，但表 3-14 中单因素方差初步检验结果显示母语对普通话情感倾向的评价存在显著差异，出现这种结果的原因可能是小部分单样本容量（即各母语人数）差异较大，通过频率统计（此处为省篇幅略去频率表格），母语概况为其他（187）＜普通话（1107）＜桂柳话（1363）＜壮语（1514）＜平话（1578）＜客家话（1903）＜白话（2594），可见，"母语为其他语言"的人数远远少于其他 6 种语言。

（五）本地生活时间与国家通用语言情感倾向的相关性

表 3-16、表 3-17 是本地生活时间与普通话情感倾向的相关检验，本地生活时间与普通话好听程度、亲切程度的 Pearson 相关系数分别为 -0.049、-0.040，Pearson 相关系数很小且小于 0；双侧检验 Sig.（2-tailed）都为 0.000，在 0.01 的显著性水平上具有显著的相关性，可以认为本地生活时间与普通话情感倾向评价具有相关性，再结合相关系数可知，本地生活时间与普通话情感倾向评价存在弱的负相关性。

表 3-16　本地生活时间与普通话好听程度相关分析

		普通话是否好听	在本地住多少年
普通话是否好听	Pearson Correlation	1	-0.049**
	Sig.（2-tailed）		0.000
	N	10158	10125

		普通话是否好听	在本地住多少年
在本地住多少年	Pearson Correlation	− 0. 049**	1
	Sig. （2 – tailed）	0. 000	
	N	10125	10297

** $p < 0.01$。

表 3 – 17　本地生活时间与普通话亲切程度相关分析

		在本地住多少年	普通话是否亲切
在本地住多少年	Pearson Correlation	1	− 0. 040**
	Sig. （2 – tailed）		0. 000
	N	10297	9955
普通话是否亲切	Pearson Correlation	− 0. 040**	1
	Sig. （2 – tailed）	0. 000	
	N	9955	9988

** $p < 0.01$。

四　对国家通用语言价值的态度分析

（一）方言区对国家通用语言价值评价的影响

先从整体上看各方言区对普通话价值评价的平均分，结果如表 3 – 18 所示。

表 3 – 18　普通话是否有用描述统计

	样本数	均值	标准差	标准误	均值的95%置信区间		最小值	最大值
					下限	上限		
南普区	543	4. 60	0. 790	0. 034	4. 53	4. 67	1	5
客家话方言区	2784	4. 61	0. 717	0. 014	4. 58	4. 63	1	5
平话区	2793	4. 62	0. 724	0. 014	4. 59	4. 65	1	5
粤方言区	2788	4. 70	0. 600	0. 011	4. 68	4. 72	1	5
西南官话区	1045	4. 78	0. 589	0. 018	4. 74	4. 81	1	5
合计	9953	4. 65	0. 682	0. 007	4. 64	4. 67	1	5

由表 3 - 18 可以看到，各方言区对普通话价值评价的总体平均分是
4.65 分，其中西南官话区平均分最高，为 4.78 分，南普区平均分最低，
为 4.60 分，且南普区的标准差最大，为 0.790，说明内部数据差异较大，
出现这种情况的原因可能是南普区调查人数太少；西南官话区内部数据差
异最小，标准差为 0.589。客家话方言区和平话区平均分几乎一样，说明
这两个方言区对普通话价值的评价整体上差不多。下面用单因素方差检验
看各方言区对普通话价值评价的影响。

由表 3 - 19 可知，F 检验值为 18.052，双侧检验 Sig. = 0.000，小于显
著性水平 0.01，可认为不同方言区对普通话价值的评价（平均值）差异产
生显著影响。

表 3 - 19　方言区与普通话是否有用方差分析

	平方和	df	均方	F 值	Sig.
组间	33.349	4	8.337	18.052	0.000
组内	4594.320	9948	0.462		
合计	4627.669	9952			

下面具体来看各方言区对普通话价值评价的多重比较。表 3 - 20 是方
言区对普通话价值评价影响的进一步检验，第五列的 Sig. 值中，南普区和
平话区、客家话方言区组合，客家话方言区与平话区的 p 值大于显著性水
平 0.05，近似于 1，说明这几个地区的组合对普通话价值的评价几乎无差
异；其他组合的 p 值均小于显著性水平 0.05，均产生显著影响。总的来
说，有显著影响的组合比不产生显著影响的组合多，因此整体上可以认为
方言区对普通话价值的评价差异产生影响，Games-Howell 检验的敏感度高
于 Tamhane。

表 3 - 20　方言区对普通话价值评价的多重比较

	(I) 方言区	(J) 方言区	MD (I - J)	Sig.
Tamhane	南普区	客家话方言区	- 0.007	1.000
		平话区	- 0.021	1.000
		粤方言区	- 0.103*	0.039
		西南官话区	- 0.178*	0.000

续表

	（I）方言区	（J）方言区	MD（I－J）	Sig.
Tamhane	客家话方言区	南普区	0.007	1.000
		平话区	－0.014	0.998
		粤方言区	－0.096*	0.000
		西南官话区	－0.170*	0.000
	平话区	南普区	0.021	1.000
		客家话方言区	0.014	0.998
		粤方言区	－0.082*	0.000
		西南官话区	－0.156*	0.000
	粤方言区	南普区	0.103*	0.039
		客家话方言区	0.096*	0.000
		平话区	0.082*	0.000
		西南官话区	－0.074*	0.006
	西南官话区	南普区	0.178*	0.000
		客家话方言区	0.170*	0.000
		平话区	0.156*	0.000
		粤方言区	0.074*	0.006
Games-Howell	南普区	客家话方言区	－0.007	1.000
		平话区	－0.021	0.978
		粤方言区	－0.103*	0.032
		西南官话区	－0.178*	0.000
	客家话方言区	南普区	0.007	1.000
		平话区	－0.014	0.953
		粤方言区	－0.096*	0.000
		西南官话区	－0.170*	0.000
	平话区	南普区	0.021	0.978
		客家话方言区	0.014	0.953
		粤方言区	－0.082*	0.000
		西南官话区	－0.156*	0.000
	粤方言区	南普区	0.103*	0.032
		客家话方言区	0.096*	0.000
		平话区	0.082*	0.000
		西南官话区	－0.074*	0.005

	(I) 方言区	(J) 方言区	MD (I−J)	Sig.
Games-Howell	西南官话区	南普区	0.178*	0.000
		客家话方言区	0.170*	0.000
		平话区	0.156*	0.000
		粤方言区	0.074*	0.005

(二) 性别对国家通用语言价值评价的影响

由表 3−21 可知，中小学生对普通话价值评价的总体平均分为 4.65 分，女生对普通话价值评价的平均分为 4.69，高于男生 (4.62)，其内部数据差异也小于男生。由于"性别"只有"男"、"女"一个组合，所以只能使用单因素方差的初步分析，不能进行单因素方差的多重比较分析。由表 3−22 可知，F 检验值为 31.852，双侧检验结果 Sig. =0.000，小于显著性水平 0.01，说明性别对普通话价值评价的总体平均分差异产生显著影响。

表 3−21　普通话是否有用描述统计

	样本数	平均值	标准差	标准误
男	4916	4.62	0.722	0.010
女	5008	4.69	0.638	0.009
合计	9924	4.65	0.682	0.007

表 3−22　普通话是否有用方差分析

	平方和	df	均方	F 值	Sig.
组间	14.769	1	14.769	31.852	0.000
组内	4600.656	9922	0.464		
合计	4615.426	9923			

(三) 母语对国家通用语言价值评价的影响

表 3−23 是母语对普通话价值评价差异影响的初步方差检验，F 检验值为 10.528，p 值为 0.000，小于显著性水平 0.01，可知不同母语对

普通话价值的评价差异有显著影响。由表 3 - 24 中 Tamhane、Games-Howell 两个检验方法进一步可看出，母语为其他语言，与普通话、桂柳话、壮语的两两组合对普通话价值评价的平均分差异产生显著影响；母语为普通话，与桂柳话、壮语两两组合对普通话价值评价不产生显著影响；母语为白话，与客家话组合对普通话价值评价产生显著影响；母语为桂柳话，与母语为平话、客家话两两组合对普通话价值的评价产生显著影响；母语为平话，与客家话、白话两两组合对普通话价值的评价产生显著影响。

表 3 - 23 母语对普通话价值评价方差分析

	平方和	df	均方	F 值	Sig.
组间	29.227	6	4.871	10.528	0.000
组内	4568.002	9873	0.463		
合计	4597.230	9879			

表 3 - 24 母语对普通话价值评价多重比较

	(I) 母语	(J) 母语	MD (I-J)	标准误	Sig.	95% 置信区间	
						下限	上限
Tamhane	普通话	白话	0.055	0.024	0.331	-0.02	0.13
		桂柳话	0.003	0.026	1.000	-0.08	0.08
		平话	0.120*	0.027	0.000	0.04	0.20
		壮语	0.015	0.026	1.000	-0.06	0.09
		客家话	0.132*	0.026	0.000	0.05	0.21
		其他	0.200*	0.063	0.035	0.01	0.39
	白话	普通话	-0.055	0.024	0.331	-0.13	0.02
		桂柳话	-0.053	0.021	0.252	-0.12	0.01
		平话	0.065	0.023	0.111	-0.01	0.14
		壮语	-0.040	0.021	0.705	-0.10	0.02
		客家话	0.076*	0.022	0.009	0.01	0.14
		其他	0.145	0.061	0.333	-0.04	0.33

	(I) 母语	(J) 母语	MD (I−J)	标准误	Sig.	95% 置信区间	
						下限	上限
Tamhane	桂柳话	普通话	−0.003	0.026	1.000	−0.08	0.08
		白话	0.053	0.021	0.252	−0.01	0.12
		平话	0.118*	0.026	0.000	0.04	0.20
		壮语	0.012	0.024	1.000	−0.06	0.08
		客家话	0.129*	0.024	0.000	0.06	0.20
		其他	0.197*	0.062	0.035	0.01	0.39
	平话	普通话	−0.120*	0.027	0.000	−0.20	−0.04
		白话	−0.065	0.023	0.111	−0.14	0.01
		桂柳话	−0.118*	0.026	0.000	−0.20	−0.04
		壮语	−0.105*	0.025	0.001	−0.18	−0.03
		客家话	0.012	0.026	1.000	−0.07	0.09
		其他	0.080	0.063	0.992	−0.11	0.27
	壮语	普通话	−0.015	0.026	1.000	−0.09	0.06
		白话	0.040	0.021	0.705	−0.02	0.10
		桂柳话	−0.012	0.024	1.000	−0.08	0.06
		平话	0.105*	0.025	0.001	0.03	0.18
		客家话	0.117*	0.024	0.000	0.04	0.19
		其他	0.185	0.062	0.065	0.00	0.38
	客家话	普通话	−0.132*	0.026	0.000	−0.21	−0.05
		白话	−0.076*	0.022	0.009	−0.14	−0.01
		桂柳话	−0.129*	0.024	0.000	−0.20	−0.06
		平话	−0.012	0.026	1.000	−0.09	0.07
		壮语	−0.117*	0.024	0.000	−0.19	−0.04
		其他	0.068	0.062	0.999	−0.12	0.26
	其他	普通话	−0.200*	0.063	0.035	−0.39	0.00
		白话	−0.145	0.061	0.333	−0.33	0.04
		桂柳话	−0.197*	0.062	0.035	−0.39	0.00
		平话	−0.080	0.063	0.992	−0.27	0.11
		壮语	−0.185	0.062	0.065	−0.38	0.01
		客家话	−0.068	0.062	0.999	−0.26	0.12

续表

	(I) 母语	(J) 母语	MD（I－J）	标准误	Sig.	95% 置信区间	
						下限	上限
Games-Howell	普通话	白话	0.055	0.024	0.222	－0.01	0.12
		桂柳话	0.003	0.026	1.000	－0.07	0.08
		平话	0.120*	0.027	0.000	0.04	0.20
		壮语	0.015	0.026	0.997	－0.06	0.09
		客家话	0.132*	0.026	0.000	0.05	0.21
		其他	0.200*	0.063	0.028	0.01	0.39
	白话	普通话	－0.055	0.024	0.222	－0.12	0.01
		桂柳话	－0.053	0.021	0.172	－0.12	0.01
		平话	0.065	0.023	0.082	0.00	0.13
		壮语	－0.040	0.021	0.475	－0.10	0.02
		客家话	0.076*	0.022	0.008	0.01	0.14
		其他	0.145	0.061	0.220	－0.04	0.33
	桂柳话	普通话	－0.003	0.026	1.000	－0.08	0.07
		白话	0.053	0.021	0.172	－0.01	0.12
		平话	0.118*	0.026	0.000	0.04	0.19
		壮语	0.012	0.024	0.998	－0.06	0.08
		客家话	0.129*	0.024	0.000	0.06	0.20
		其他	0.197*	0.062	0.028	0.01	0.38
	平话	普通话	－0.120*	0.027	0.000	－0.20	－0.04
		白话	－0.065	0.023	0.082	－0.13	0.00
		桂柳话	－0.118*	0.026	0.000	－0.19	－0.04
		壮语	－0.105*	0.025	0.001	－0.18	－0.03
		客家话	0.012	0.026	0.999	－0.06	0.09
		其他	0.080	0.063	0.865	－0.11	0.27
	壮语	普通话	－0.015	0.026	0.997	－0.09	0.06
		白话	0.040	0.021	0.475	－0.02	0.10
		桂柳话	－0.012	0.024	0.998	－0.08	0.06
		平话	0.105*	0.025	0.001	0.03	0.18
		客家话	0.117*	0.024	0.000	0.05	0.19
		其他	0.185*	0.062	0.049	0.00	0.37

续表

(I) 母语	(J) 母语	MD (I-J)	标准误	Sig.	95% 置信区间	
					下限	上限
Games-Howell 客家话	普通话	-0.132*	0.026	0.000	-0.21	-0.05
	白话	-0.076*	0.022	0.008	-0.14	-0.01
	桂柳话	-0.129*	0.024	0.000	-0.20	-0.06
	平话	-0.012	0.026	0.999	-0.09	0.06
	壮语	-0.117*	0.024	0.000	-0.19	-0.05
	其他	0.068	0.062	0.928	-0.12	0.25
其他	普通话	-0.200*	0.063	0.028	-0.39	-0.01
	白话	-0.145	0.061	0.220	-0.33	0.04
	桂柳话	-0.197*	0.062	0.028	-0.38	-0.01
	平话	-0.080	0.063	0.865	-0.27	0.11
	壮语	-0.185*	0.062	0.049	-0.37	0.00
	客家话	-0.068	0.062	0.928	-0.25	0.12

$* p < 0.05$。

(四) 年龄、本地生活时间与国家通用语言价值评价的相关性

表 3-25、表 3-26 是年龄、本地生活时间与普通话价值评价的相关性检验。年龄与普通话价值评价的相关系数为 -0.017,本地生活时间与普通话价值评价的相关系数为 -0.010,两者的双侧检验结果 Sig. (2 - tailed) 都大于显著性水平 0.05,因此应该接受原假设,认为 Pearson 相关系数无效,年龄、本地生活时间与普通话价值评价不存在相关关系。

表 3-25　年龄与普通话价值评价相关分析

		年龄	普通话是否有用
年龄	Pearson Correlation	1	-0.017
	Sig. (2 - tailed)		0.083
	N	10280	9904

		年龄	普通话是否有用
普通话是否有用	Pearson Correlation	− 0.017	1
	Sig. (2 − tailed)	0.083	
	N	9904	9953

表 3 – 26　本地生活时间与普通话价值评价相关分析

		普通话是否有用	在本地住多少年
普通话是否有用	Pearson Correlation	1	− 0.010
	Sig. (2 − tailed)		0.322
	N	9953	9920
在本地住多少年	Pearson Correlation	− 0.010	1
	Sig. (2 − tailed)	0.322	
	N	9920	10297

五　对国家通用语言地位的态度分析

（一）方言区对国家通用语言地位评价的影响

表 3 – 27 是方言区对普通话地位影响的单因素方差分析初步结果，表中 *F* 检验值为 359.214，*p* 值为 0.000，小于显著性水平 0.01，说明不同方言区对普通话地位的评价差异产生极为显著影响。

表 3 – 27　方言区与普通话是否有社会影响方差分析

	平方和	df	均方	*F* 值	Sig.
组间	2483.364	4	620.841	359.214	0.000
组内	16592.006	9600	1.728		
合计	19075.370	9604			

表 3 – 28 中，除南普区和西南官话区、客家话方言区两两组合对普通话地位评价不产生显著影响外，其他地区两两组合均对普通话地位的评价产生显著影响，Games-Howell 的检测敏感度仍然高于 Tamhane。

表 3 – 28　方言区与普通话地位评价多重比较

	（I）方言区	（J）方言区	MD（I－J）	标准误	Sig.	95％置信区间	
						下限	上限
Tamhane	南普区	客家话方言区	0.049	0.062	0.996	－ 0.12	0.22
		平话区	0.845*	0.065	0.000	0.66	1.03
		粤方言区	－ 0.470*	0.057	0.000	－ 0.63	－ 0.31
		西南官话区	－ 0.131	0.068	0.435	－ 0.32	0.06
	客家话方言区	南普区	－ 0.049	0.062	0.996	－ 0.22	0.12
		平话区	0.796*	0.043	0.000	0.68	0.91
		粤方言区	－ 0.519*	0.030	0.000	－ 0.60	－ 0.44
		西南官话区	－ 0.180*	0.047	0.001	－ 0.31	－ 0.05
	平话区	南普区	－ 0.845*	0.065	0.000	－ 1.03	－ 0.66
		客家话方言区	－ 0.796*	0.043	0.000	－ 0.91	－ 0.68
		粤方言区	－ 1.315*	0.036	0.000	－ 1.41	－ 1.21
		西南官话区	－ 0.976*	0.051	0.000	－ 1.12	－ 0.83
	粤方言区	南普区	0.470*	0.057	0.000	0.31	0.63
		客家话方言区	0.519*	0.030	0.000	0.44	0.60
		平话区	1.315*	0.036	0.000	1.21	1.41
		西南官话区	0.339*	0.041	0.000	0.22	0.45
	西南官话区	南普区	0.131	0.068	0.435	－ 0.06	0.32
		客家话方言区	0.180*	0.047	0.001	0.05	0.31
		平话区	0.976*	0.051	0.000	0.83	1.12
		粤方言区	－ 0.339*	0.041	0.000	－ 0.45	－ 0.22
Games-Howell	南普区	客家话方言区	0.049	0.062	0.932	－ 0.12	0.22
		平话区	0.845*	0.065	0.000	0.67	1.02
		粤方言区	－ 0.470*	0.057	0.000	－ 0.63	－ 0.31
		西南官话区	－ 0.131	0.068	0.309	－ 0.32	0.06
	客家话方言区	南普区	－ 0.049	0.062	0.932	－ 0.22	0.12
		平话区	0.796*	0.043	0.000	0.68	0.91
		粤方言区	－ 0.519*	0.030	0.000	－ 0.60	－ 0.44
		西南官话区	－ 0.180*	0.047	0.001	－ 0.31	－ 0.05

续表

	(I) 方言区	(J) 方言区	MD (I - J)	标准误	Sig.	95% 置信区间	
						下限	上限
Games-Howell	平话区	南普区	-0.845*	0.065	0.000	-1.02	-0.67
		客家话方言区	-0.796*	0.043	0.000	-0.91	-0.68
		粤方言区	-1.315*	0.036	0.000	-1.41	-1.22
		西南官话区	-0.976*	0.051	0.000	-1.12	-0.84
	粤方言区	南普区	0.470*	0.057	0.000	0.31	0.63
		客家话方言区	0.519*	0.030	0.000	0.44	0.60
		平话区	1.315*	0.036	0.000	1.22	1.41
		西南官话区	0.339*	0.041	0.000	0.23	0.45
	西南官话区	南普区	0.131	0.068	0.309	-0.06	0.32
		客家话方言区	0.180*	0.047	0.001	0.05	0.31
		平话区	0.976*	0.051	0.000	0.84	1.12
		粤方言区	-0.339*	0.041	0.000	-0.45	-0.23

* $p < 0.05$。

（二）性别对国家通用语言地位评价的影响

表 3 - 29 是男女生对普通话地位评价的描述统计，男女生对普通话地位评价的平均分相差不大，女生的评价比男生略高，女生的平均分为 4.09，男生的平均分为 4.03，两者标准差相差也不大，说明男女生各自内部数据差异不大。表 3 - 30 是单因素方差分析结果，F 值是 4.736，p 值为 0.030，小于显著性水平 0.05，可以认为性别对普通话价值的评价差异产生显著的影响。

表 3 - 29　性别与普通话是否有社会影响描述统计

	样本数	均值	标准差	标准误	均值的 95% 置信区间		最小值	最大值
					下限	上限		
男	4725	4.03	1.413	0.021	3.99	4.07	1	5
女	4854	4.09	1.404	0.020	4.05	4.13	1	5
合计	9579	4.06	1.409	0.014	4.03	4.09	1	5

表 3 - 30　性别与普通话是否有社会影响方差分析

	平方和	df	均方	F 值	Sig.
组间	9.396	1	9.396	4.736	0.030
组内	18997.522	9577	1.984		
合计	19006.917	9578			

（三）母语对国家通用语言地位评价的影响

由表 3 - 31 可知，方差分析的 F 值为 77.105，双侧检验结果 Sig. 值为 0.000，小于显著性水平 0.01，可以认为母语对普通话地位评价产生显著影响。而通过表 3 - 32 可知，母语为普通话，与母语为客家话、其他语言两两组合共同作用对普通话地位评价不产生显著影响；母语为白话，与母语为其他语言组合对普通话地位评价不产生显著影响；母语为桂柳话，与母语为壮语组合对普通话地位评价不产生显著影响；而母语为平话，与母语为平话之外其他 6 种语言组合均对普通话地位评价产生显著影响；母语为客家话与母语为其他语言组合对普通话地位评价差异不产生显著影响。

表 3 - 31　母语与普通话是否有社会影响方差分析

	平方和	df	均方	F 值	Sig.
组间	878.035	6	146.339	77.105	0.000
组内	18087.255	9530	1.898		
合计	18965.290	9536			

表 3 - 32　母语与普通话是否有社会影响多重比较

	(I) 母语	(J) 母语	MD (I-J)	标准误	Sig.	95% 置信区间 下限	上限
Tamhane	普通话	白话	-0.223*	0.047	0.000	-0.36	-0.08
		桂柳话	0.252*	0.060	0.001	0.07	0.43
		平话	0.667*	0.060	0.000	0.48	0.85
		壮语	0.331*	0.059	0.000	0.15	0.51
		客家话	-0.030	0.051	1.000	-0.19	0.13
		其他	-0.058	0.098	1.000	-0.36	0.24

续表

	(I) 母语	(J) 母语	MD (I-J)	标准误	Sig.	95% 置信区间	
						下限	上限
Tamhane	白话	普通话	0.223*	0.047	0.000	0.08	0.36
		桂柳话	0.475*	0.048	0.000	0.33	0.62
		平话	0.890*	0.049	0.000	0.74	1.04
		壮语	0.554*	0.047	0.000	0.41	0.70
		客家话	0.193*	0.037	0.000	0.08	0.31
		其他	0.165	0.091	0.789	-0.11	0.44
	桂柳话	普通话	-0.252*	0.060	0.001	-0.43	-0.07
		白话	-0.475*	0.048	0.000	-0.62	-0.33
		平话	0.415*	0.061	0.000	0.23	0.60
		壮语	0.079	0.060	0.988	-0.10	0.26
		客家话	-0.283*	0.053	0.000	-0.44	-0.12
		其他	-0.310*	0.098	0.038	-0.61	0.00
	平话	普通话	-0.667*	0.060	0.000	-0.85	-0.48
		白话	-0.890*	0.049	0.000	-1.04	-0.74
		桂柳话	-0.415*	0.061	0.000	-0.60	-0.23
		壮语	-0.336*	0.061	0.000	-0.52	-0.15
		客家话	-0.698*	0.053	0.000	-0.86	-0.54
		其他	-0.725*	0.099	0.000	-1.03	-0.42
	壮语	普通话	-0.331*	0.059	0.000	-0.51	-0.15
		白话	-0.554*	0.047	0.000	-0.70	-0.41
		桂柳话	-0.079	0.060	0.988	-0.26	0.10
		平话	0.336*	0.061	0.000	0.15	0.52
		客家话	-0.361*	0.052	0.000	-0.52	-0.20
		其他	-0.389*	0.098	0.002	-0.69	-0.09
	客家话	普通话	0.030	0.051	1.000	-0.13	0.19
		白话	-0.193*	0.037	0.000	-0.31	-0.08
		桂柳话	0.283*	0.053	0.000	0.12	0.44
		平话	0.698*	0.053	0.000	0.54	0.86
		壮语	0.361*	0.052	0.000	0.20	0.52
		其他	-0.028	0.094	1.000	-0.31	0.26

续表

(I) 母语	(J) 母语	MD (I-J)	标准误	Sig.	95% 置信区间	
					下限	上限
Tamhane 其他	普通话	0.058	0.098	1.000	-0.24	0.36
	白话	-0.165	0.091	0.789	-0.44	0.11
	桂柳话	0.310*	0.098	0.038	0.01	0.61
	平话	0.725*	0.099	0.000	0.42	1.03
	壮语	0.389*	0.098	0.002	0.09	0.69
	客家话	0.028	0.094	1.000	-0.26	0.31
Games- Howell 普通话	白话	-0.223*	0.047	0.000	-0.36	-0.09
	桂柳话	0.252*	0.060	0.000	0.08	0.43
	平话	0.667*	0.060	0.000	0.49	0.85
	壮语	0.331*	0.059	0.000	0.16	0.51
	客家话	-0.030	0.051	0.997	-0.18	0.12
	其他	-0.058	0.098	0.997	-0.35	0.23
白话	普通话	0.223*	0.047	0.000	0.09	0.36
	桂柳话	0.475*	0.048	0.000	0.33	0.62
	平话	0.890*	0.049	0.000	0.75	1.03
	壮语	0.554*	0.047	0.000	0.41	0.69
	客家话	0.193*	0.037	0.000	0.08	0.30
	其他	0.165	0.091	0.541	-0.11	0.44
桂柳话	普通话	0.252*	0.060	0.000	-0.43	-0.08
	白话	-0.475*	0.048	0.000	-0.62	-0.33
	平话	0.415*	0.061	0.000	0.23	0.60
	壮语	0.079	0.060	0.849	-0.10	0.26
	客家话	-0.283*	0.053	0.000	-0.44	-0.13
	其他	-0.310*	0.098	0.030	-0.60	-0.02
平话	普通话	-0.667*	0.060	0.000	-0.85	-0.49
	白话	-0.890*	0.049	0.000	-1.03	-0.75
	桂柳话	-0.415*	0.061	0.000	-0.60	-0.23
	壮语	-0.336*	0.061	0.000	-0.52	-0.16
	客家话	-0.698*	0.053	0.000	-0.85	-0.54
	其他	-0.725*	0.099	0.000	-1.02	-0.43

续表

(I) 母语	(J) 母语	MD（I－J）	标准误	Sig.	95% 置信区间	
					下限	上限
	普通话	－0.331*	0.059	0.000	－0.51	－0.16
	白话	－0.554*	0.047	0.000	－0.69	－0.41
壮语	桂柳话	－0.079	0.060	0.849	－0.26	0.10
	平话	0.336*	0.061	0.000	0.16	0.52
	客家话	－0.361*	0.052	0.000	－0.51	－0.21
	其他	－0.389*	0.098	0.002	－0.68	－0.10
	普通话	0.030	0.051	0.997	－0.12	0.18
	白话	－0.193*	0.037	0.000	－0.30	－0.08
客家话	桂柳话	0.283*	0.053	0.000	0.13	0.44
	平话	0.698*	0.053	0.000	0.54	0.85
	壮语	0.361*	0.052	0.000	0.21	0.51
	其他	－0.028	0.094	1.000	－0.31	0.25
	普通话	0.058	0.098	0.997	－0.23	0.35
	白话	－0.165	0.091	0.541	－0.44	0.11
其他	桂柳话	0.310*	0.098	0.030	0.02	0.60
	平话	0.725*	0.099	0.000	0.43	1.02
	壮语	0.389*	0.098	0.002	0.10	0.68
	客家话	0.028	0.094	1.000	－0.25	0.31

注：左侧第一列为 Games-Howell

＊$p < 0.05$。

（四）年龄、本地生活时间与国家通用语言地位评价的相关性

由表 3-33 可知，年龄与普通话地位评价的相关系数为 0.051，双侧检验结果 Sig. 值为 0.000，小于显著性水平 0.01，可以认为相关系数有效，年龄与普通话地位评价呈弱的正相关关系。由表 3-34 可知，本地生活时间与普通话地位评价的相关系数为 0.010，但双侧检验结果 Sig. 值为 0.339，大于显著性水平 0.05，因此相关系数无效，本地生活时间与普通话地位评价不存在相关关系。

表 3 – 33　年龄与普通话地位评价相关分析

		普通话是否有社会影响	年龄
普通话是否有社会影响	Pearson Correlation	1	0.051**
	Sig.（2 – tailed）		0.000
	N	9605	9556
年龄	Pearson Correlation	0.051**	1
	Sig.（2 – tailed）	0.000	
	N	9556	10280

** $p < 0.01$。

表 3 – 34　本地生活时间与普通话地位评价相关分析

		普通话是否有社会影响	本地生活时间
普通话是否有社会影响	Pearson Correlation	1	0.010
	Sig.（2 – tailed）		0.339
	N	9605	9573
本地生活时间	Pearson Correlation	0.010	1
	Sig.（2 – tailed）	0.339	
	N	9573	10297

六　本章小结：社会变项对普通话态度评价影响大小对比

　　性别、年龄等的不同是人类的自然现象，属于自然演变的性质，但社会的特点、条件、环境影响语言的变异往往与性别、年龄的差异有关。[①] 由之前三个小节的分析可知，方言区、性别、母语、年龄、本地生活时间都对普通话态度的评价产生显著影响或与普通话态度的评价存在显著相关性。本书通过运用方差分析、相关分析等统计方法，以数据揭示了语言的社会变项差异，不同于以往实证研究只简单地把社会变项与语言的关系进行描述统计，本书的研究在考虑单因素的前提下，通过对比 F 值大小，能

---

① 戴庆厦. 社会语言学概论 [M]. 北京：商务印书馆，2009：22.

初步窥探性别、年龄等社会变项对国家通用语言态度评价影响大小，即哪些社会变项对国家通用语言的评价影响较大。

表 3 - 35　社会变项各自对普通话态度评价的影响力

	好听	亲切	有用	社会影响
方言区 F	47.111	87.774	18.052	359.214
性别 F	13.040	10.641	31.852	4.736
母语 F	15.399	15.962	10.528	77.105
年龄 r	− 0.080**	− 0.083**	——	0.051**
本地生活时间 r	− 0.049**	− 0.040**	——	——

$**p < 0.01$。

由表 3 - 35 可知，社会变项为"方言区"、"母语"时，"普通话社会地位"（"社会影响"）F 值都最大，说明方言区、母语对普通话社会地位评价的影响最大，而对"普通话价值"（"有用"）的评价影响最小，在"普通话社会地位"、"好听"层面上，"方言区"的评价影响力大于"母语"的评价影响力；"性别"对"普通话价值"的评价影响力最大，对"地位"的评价影响最小；在"社会地位"层面上，"年龄"与其是正的弱相关关系，"本地生活时间"与其无相关性；在普通话价值层面上，"年龄"与"本地生活时间"都与其无相关关系；"年龄"与"本地生活时间"只与普通话情感倾向呈负的弱相关关系，"年龄"与"亲切"层面上的相关性大于与"好听"层面的相关性，"本地生活时间"与"好听"的相关性大于与"亲切"的相关性（负数按绝对值来计算）。总的来说，各社会变项都对四个层面中的一个或几个产生最大影响力，或某两个社会变项同时对一个或两个层面产生最大影响力。

第四章
少数民族区域文字使用情况
及使用态度调查与分析

广西是多民族地区，各民族之间语言文字情况错综复杂，壮族是我国人口最多的少数民族，也是广西境内最主要最具有代表性的世居少数民族。历史上，汉字一直是壮族的官方文字，是壮族正式的书面交际工具，自然也在民间流行，且具有较高的声望。长期以来，汉字和古壮字并存于壮族社会。自从国家大力推广普通话，更多壮族人主动学习汉语和汉字，汉字成为壮族民间交流的主要文字工具。

新中国成立后，根据党的民族政策及壮族人民的愿望和要求，1955年国家帮助壮族制定了一套以拉丁字母为基础的《壮文方案》，并于1957年经正式批准后在壮族地区推广使用。新壮文曾在壮族扫盲过程中发挥了重要作用，现在一些领域仍然使用。

由于目前有古壮字、新壮文、汉字三种文字在壮族民间并存，而壮族又是广西的代表性少数民族，因此从促进少数民族地区和谐发展的角度来说，对广西国家通用文字使用情况及态度的研究不应该是孤立的，不能单纯考虑汉语方言区的情况，而应结合少数民族聚居地人们对国家通用文字的使用情况和态度来综合分析，综合考察。

一　文字使用及态度概况数据构成：壮族聚居地数据

本研究以壮族主要聚居地——红水河流域和左右江流域中壮族人口比

重超过 85%、壮族重要古壮字文本主要流传区域的三个县（以下简称"壮族区"）为例，采用科学的、严格的多阶段 PPS 系统抽样方法，对壮族民间存在的三种文字进行问卷调查，共发放 900 份问卷，回收 880 份，除去不合格问卷 28 份，共有 852 份有效问卷，问卷有效率为 96.82%，样本具有很强的代表性，所得数据具有较高的准确性，因此本书将结合该研究的数据进行对比研究。

二　文字认识和使用概况

问卷中涉及文字使用的问题不多，经过整理后选择了两个比较有代表性的问题，第一是"你是否还认识汉字之外的文字"，这是调查文字的认识情况；第二是"你做笔记或作业时通常使用哪种文字"，这是调查文字的使用情况。第一个问题一共有 3225 人回答，第二个问题一共有 3776 人回答。

（一）文字认识概况

壮族区中关于古壮字、新壮文、汉字认识情况的问题，备选答案有"认识大多数"、"认识部分"、"认识个别"等共 7 个；方言区中考察少数民族文字、外文及其他文字的认识情况，整理后结果如表 4-1、表 4-2。

表 4-1　方言区与是否还认识汉字之外的文字列联表

			是否还认识汉字之外的文字			合计
			少数民族文字	外文如英语	其他	
方言区	客家话方言区	样本数（人）	41	2233	112	2386
		占该方言区百分比（%）	1.7	93.6	4.7	100.0
		占总体百分比（%）	1.3	68.6	3.4	73.3
	西南官话区	样本数（人）	149	719	1	869
		占该方言区百分比（%）	17.1	82.7	0.1	—
		占总体百分比（%）	4.6	22.1	0.0	26.7

续表

		是否还认识汉字之外的文字			合计
		少数民族文字	外文如英语	其他	
合计	样本数（人）	190	2952	113	3255
	占该方言区 百分比（%）	5.8	90.7	3.5	—
	占总体 百分比（%）	5.8	90.7	3.5	100.0

表 4 - 2　壮族区的文字认识情况

单位：%

认识情况	古壮字	新壮文	汉字
认识大多数	3.6	6.2	39.0
基本认识（看书看报无障碍）			42.1
认识部分	15.4	12.6	15.5
认识个别	18.3	13.3	
有所了解但不认识	29.1	27.0	
完全不认识	32.6	40.0	3.4
无效回答	1.0	0.9	

由表 4 - 1 可知，两个方言区中有 2952 个中小学生还认识外文（如英语），占两个方言区总人数的 90.7%，其中客家话方言区占了 68.6%（2233 人），西南官话区占了 22.1%（719 人）；从各方言区总人数来看，客家话方言区有 93.6% 的中小学生认识外文（如英语），西南官话区有 82.7% 的中小学生认识外文；认识少数民族文字的共有 190 人，占两个方言区总人数的 5.8%，其中客家话方言区占 1.3%（41 人），西南官话区占 4.6%（149 人），可以说，方言区中认识少数民族文字的中小学生人数比例不大；认识其他文字的共有 113 人，占两个方言区总人数的 3.5%。

表 4 - 2 中，认识大多数古壮字、新壮文的人数占壮族区总人数的 3.6% 和 6.2%，认识部分古壮字、新壮文的人数占壮族区总人数的 15.4% 和 12.6%，认识个别的各占 18.3% 和 13.3%，有所了解但不认识的各占 29.1% 和 27.0%，完全不认识古壮字和新壮文的比例最大，各达 32.6% 和

40.0%。壮族区汉字认识情况中，基本认识占的比例最大，为42.1%，认识大多数排第二，为39.0%，完全不认识汉字的比例为3.4%。总的来说，约有37%的人认识古壮字，约32%的人认识新壮文，但约有96%的人认识一些汉字。可以说，汉字在壮族中有很大的"知名度"。

（二）文字使用概况

壮族区中关于文字的使用情况，共设置有"古壮字的使用情况"、"新壮文的使用情况"、"汉字的使用情况"3个问题，备选答案按频率高低设置"所有情况"、"多数情况"、"少数情况"等7个选项。整理后结果如表4-3。

表4-3 壮族区的文字使用情况

使用情况	古壮字		新壮文		汉字	
	人数（人）	比例（%）	人数（人）	比例（%）	人数（人）	比例（%）
所有情况	5	0.6	8	0.9	426	50.0
多数情况	43	5.0	34	4.0	244	28.6
少数情况	53	6.2	49	5.8	55	6.5
极少情况	120	14.1	89	10.5	34	4.0
找不到合适文字的临时情况	36	4.2				
看，不写	67	7.9	18	2.1	33	3.9
不看也不写	231	27.1	148	17.4	31	3.6
彻底不了解	278	32.6	341	40.0	29	3.4
无法回答	19	2.2	161	19.0		
无效回答					0	0

由表4-3可知，跟汉字相比，古壮字和新壮文使用的情况不多，"所有情况"下使用古壮字的仅有5人，使用新壮文的有8人，各占壮族区总体的0.6%和0.9%；"多数情况"下使用古壮字的有43人，使用新壮文的有34人，各占壮族区总体的5.0%和4.0%；"不看也不写"古壮字、新壮文的各有231、148人，各占壮族区总体的27.1%和17.4%，对古壮字、新壮文"彻底不了解"的情况占的比例最大，古壮字为32.6%，新壮文为

40.0%，这两者加起来各占总体比例达 59.7% 和 57.4%；而"所有情况"下使用汉字的人数最多，为 426 人，占壮族区总体的 50.0%，"多数情况"下使用汉字的人数排第二，为 244 人，占壮族区总体的 28.6%，这两者加起来占壮族区总体的 78.6%。可以说，壮族区中有 78.6% 的人"多数情况"下使用汉字，而只有 5% 左右的人"多数情况"下使用古壮字或新壮文。结合表 4-1 及表 4-2 可知，无论是在汉语方言区还是在壮族聚居地，汉字已经成为广西汉语方言区和壮族人主要的书写文字。

三　文字态度评价概况

下面主要通过对文字使用功能的认知、对三种文字地位的评价来考察对三种文字的态度，壮族区针对三种文字共设置了 5 个方面的问题，分别是"是否好理解"、"是否好记忆"、"是否美观"、"是否有用"、"是否有社会影响"。首先看壮族区对三种文字的具体评价情况。

表 4-4 至表 4-8 是壮族区对三种文字的具体评价，可以看到，壮族区对汉字的评价明显高于古壮字和新壮文，汉字在 5 分段的人数比例最大，其次是 4 分段，在 1 分或 2 分的比例最小，基本上每个分数段人数比例跟分数高低成正比，评价人数随着分数变高而增多；古壮字、新壮文在 1 分至 3 分的比例最大，人数在 5 分或 4 分的比例最小。在汉字评价中，"是否有用" 5 分段的人数比例最高，方言区对"汉字是否有用"5 分段评价的人数比例也最高，这些足以说明汉字已经成为广西的通用文字。

表 4-4　是否好理解

单位：%

	非常	比较	一般	不太	完全不	无法回答
古壮字	4.5	8.6	19.6	22.2	30.5	14.7
新壮文	3.1	8.7	26.6	25.6	25.6	10.6
汉字	35.7	32.9	18.7	6.3	4.6	1.9

表 4 – 5 是否好记忆

单位：%

	非常	比较	一般	不太	完全不	无法回答
古壮字	3.3	8.1	21.5	21.4	31.2	14.6
新壮文	2.1	7.5	24.4	28.3	26.2	11.5
汉字	31.1	36.7	17.1	8.3	3.9	2.8

表 4 – 6 是否美观

单位：%

	非常	比较	一般	不太	完全不	无法回答
古壮字	4.6	15.3	28.9	16	20.2	15.1
新壮文	4.1	13.4	34	20.2	16.9	11.4
汉字	32.3	32.6	24.6	3.8	3.8	2.9

表 4 – 7 是否有用

单位：%

	非常	比较	一般	不太	完全不	无法回答
古壮字	5.3	12.7	24.8	21.6	19.4	13.3
新壮文	2.8	11.7	31.6	25.2	17.8	10.8
汉字	48.9	22.4	17.0	5.4	3.8	2.5

表 4 – 8 是否有社会影响

单位：%

	非常	比较	一般	不太	完全不	无法回答
古壮字	4.1	12.3	29.9	29.8	11.0	12.8
新壮文	2.1	12.1	36.9	28.6	10.3	10
汉字	38.6	27	20.1	7.2	4.8	2.3

四　本章小结

　　汉字已经成为广西唯一的强势文字。方言区、壮族人对汉字在认识、使用及态度等各方面的表现倾向比较统一，使用人数比例高，对汉字的功能、地位的评价很高，可见不论是在汉语方言区还是在少数民族聚居地，汉字都具有很高的地位和声望，没有其他文字可以撼动其在广西唯一强势文字的地位，这一地位的形成是历史长期发展的结果。长期以来，汉语文在汉族聚集地一直发挥着重要的交际功能并以其强势地位辐射到边疆少数民族地区，早就具有很高的声望。到了现代，随着社会发展，国家又把"推广普通话，推行规范汉字"纳入《国家通用语言文字法》，确定了汉字作为中国通用文字的法定地位，因此无论是在汉族聚集地还是在边疆少数民族区域，对汉字的认可和使用已经成为参与社会活动的必由之路。在今后很长一段时期内，汉字将继续作为广西唯一强势文字发挥文字交流功能。

壮族人民对汉字具有强烈的认同感，但对古壮字、新壮文仍具有深厚感情。与汉字相比，两种民族文字的认识人数、使用人数比较少，对这两种文字的地位、声望评价也比较低。古壮字与新壮文比较，对古壮字使用功能的认知和感情评价都略高于新壮文，这是因为古壮字历史久远，是壮族宗教、文化、习俗的记录文字，承载了壮族的文化，在历史上发挥了一定的作用；而在发展前途和选择使用上，新壮文的支持率却高于古壮字，即在认知和感情上倾向于古壮字，但在行动上却倾向于新壮文。对古壮字的感情认可体现了古壮字在壮族历史文化中发挥的重要作用，对新壮文的选择体现了国家、地区语言政策对人们文字使用态度的影响，1957年国家正式通过广西壮族自治区提交的（新）壮文方案，从此壮族结束了没有官方文字的历史，新壮文在广西渐渐发展壮大。在壮族区中，对汉字的感情评价人数比例低于对其的认知评价人数比例，而对古壮字、新壮文的感情评价人数比例高于对这两种文字的认知评价和选择比例，这说明，壮族人民虽然在理智上认识到汉字的重要地位和使用价值，对汉字具有强烈的认同感，但是内心深处仍对本民族文字有天然的深厚感情，希望本民族文字能作为自己民族身份标志得到承认和传承。

第五章

中越边境区域语言文字使用情况
及使用态度调查与分析

中越边境（广西部分）包括那坡县、靖西市、大新县、龙州县、凭祥市、宁明县、东兴市7市县，是少数民族的聚居地，民族条件复杂，又和越南山水相连，造成了复杂的语言文字使用情况。

一 中越边境广西边民接受调查者的基本情况分析

我们在中越边境（广西部分）那坡县、靖西市、大新县、龙州县、凭祥市、宁明县、东兴市7地共发放调查问卷1400份，收回1389份。下面对本次被调查者的一些基本情况予以统计。

（一）年龄段分析

本次调查，20岁以下的有210人，占15.1%；21~30岁的有276人，占19.9%；31~40岁的共307人，占22.1%；41~50岁的共324人，占23.3%；51~60岁的共189人，占13.6%；60岁以上的共83人，占6.0%。被调查者的年龄分布比较平均，在之后的统计分析中，能较容易地分析出各年龄段的各项数据（详见图5-1）。

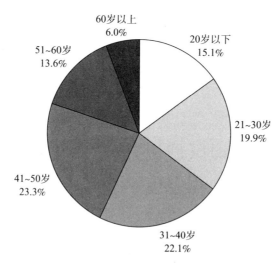

图 5 - 1　年龄分布情况

以下是各地的具体数据。

那坡：

20 岁以下：7 人，占那坡被调查者的 3.2%；

21 ~ 30 岁：40 人，占那坡被调查者的 18.1%；

31 ~ 40 岁：46 人，占那坡被调查者的 20.8%；

41 ~ 50 岁：84 人，占那坡被调查者的 38.0%；

51 ~ 60 岁：28 人，占那坡被调查者的 12.7%；

60 岁以上：16 人，占那坡被调查者的 7.2%。

宁明：

20 岁以下：52 人，占宁明被调查者的 25.9%；

21 ~ 30 岁：39 人，占宁明被调查者的 19.4%；

31 ~ 40 岁：41 人，占宁明被调查者的 20.4%；

41 ~ 50 岁：34 人，占宁明被调查者的 16.9%；

51 ~ 60 岁：31 人，占宁明被调查者的 15.4；

60 岁以上：4 人，占宁明被调查者的 2.0%。

大新：

20 岁以下：55 人，占大新被调查者的 27.5%；

21 ~ 30 岁：35 人，占大新被调查者的 17.5%；

31～40 岁：35 人，占大新被调查者的 17.5%；

41～50 岁：43 人，占大新被调查者的 21.5%；

51～60 岁：31 人，占大新被调查者的 15.5%；

60 岁以上：1 人，占大新被调查者的 0.5%。

龙州：

20 岁以下：23 人，占龙州被调查者的 11.5%；

21～30 岁：44 人，占龙州被调查者的 22.0%；

31～40 岁：48 人，占龙州被调查者的 24.0%；

41～50 岁：51 人，占龙州被调查者的 25.5%；

51～60 岁：32 人，占龙州被调查者的 16.0%；

60 岁以上：2 人，占龙州被调查者的 1.0%。

靖西：

20 岁以下：14 人，占靖西被调查者的 7.2%；

21～30 岁：42 人，占靖西被调查者的 21.6%；

31～40 岁：49 人，占靖西被调查者的 25.3%；

41～50 岁：30 人，占靖西被调查者的 15.5%；

51～60 岁：33 人，占靖西被调查者的 17.0%；

60 岁以上：26 人，占靖西被调查者的 13.4%。

凭祥：

20 岁以下：31 人，占凭祥被调查者的 16.5%；

21～30 岁：39 人，占凭祥被调查者的 20.7%；

31～40 岁：42 人，占凭祥被调查者的 22.3%；

41～50 岁：52 人，占凭祥被调查者的 27.7%；

51～60 岁：19 人，占凭祥被调查者的 10.1%；

60 岁以上：5 人，占凭祥被调查者的 2.7%。

东兴：

20 岁以下：28 人，占东兴被调查者的 15.1%；

21～30 岁：37 人，占东兴被调查者的 20.0%；

31～40 岁：46 人，占东兴被调查者的 24.9%；

41～50 岁：30 人，占东兴被调查者的 16.2%；

51~60 岁：15 人，占东兴被调查者的 8.1%；

60 岁以上：29 人，占东兴被调查者的 15.7%。

（二）性别比例分析

被调查者中男性所占的比例比较大，达到 60.5%，共 840 人；而女性只有 549 人，占 39.5%（详见表 5-1）。

表 5-1　性别比例

		频率（人）	百分比（%）	有效百分比（%）	累积百分比（%）
有效	男	840	60.5	60.5	60.5
	女	549	39.5	39.5	100.0
	合计	1389	100.0	100.0	

以下为各地的具体数据。

那坡：

男：127 人，占那坡被调查者的 57.5%；

女：94 人，占那坡被调查者的 42.5%。

宁明：

男：155 人，占宁明被调查者的 77.1%；

女：46 人，占宁明被调查者的 22.9%。

大新：

男：101 人，占大新被调查者的 50.5%；

女：99 人，占大新被调查者的 49.5%。

龙州：

男：128 人，占龙州被调查者的 64.0%；

女：72 人，占龙州被调查者的 36.0%。

靖西：

男：116 人，占靖西被调查者的 59.8%；

女：78 人，占靖西被调查者的 40.2%。

凭祥：

男：113 人，占凭祥被调查者的 60.1%；

女：75 人，占凭祥被调查者的 39.9%。

东兴：

男：102 人，占东兴被调查者的 55.1%；

女：83 人，占东兴被调查者的 44.9%。

（三）民族构成分析

在设定调查问卷时，民族构成仅分为汉族和少数民族两类。其中，汉族仅有 224 人，占总被调查者的 16.1%，少数民族共 1165 人，占 83.9%。广西是少数民族聚居地，而边境地区民族分布更加复杂，少数民族人口占绝大多数在意料之中（详见图 5－2）。

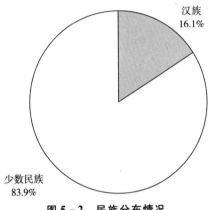

图 5－2 民族分布情况

以下为各地的具体数据。

那坡：

汉族：7 人，占那坡被调查者的 3.2%；

少数民族：214 人，占那坡被调查者的 96.8%。

宁明：

汉族：29 人，占宁明被调查者的 14.4%；

少数民族：172 人，占宁明被调查者的 85.6%。

大新：

汉族：36 人，占大新被调查者的 18.0%；

少数民族：164 人，占大新被调查者的 82.0%。

龙州：

汉族：27 人，占龙州被调查者的 13.5%；

少数民族：173 人，占龙州被调查者的 86.5%。

靖西：

汉族：35 人，占靖西被调查者的 18.0%；

少数民族：159 人，占靖西被调查者的 82.0%。

凭祥：

汉族：31 人，占凭祥被调查者的 16.5%；

少数民族：157 人，占凭祥被调查者的 83.5%。

东兴：

汉族：59 人，占东兴被调查者的 31.9%；

少数民族：126 人，占东兴被调查者的 68.1%。

（四）职业分析

本次调查设定的职业选项共有 9 类，包括农民，工人，教育、科技、文化专业人员，除了教育、科技、文化专业人员外的各类专业人员、技术人员，党政企事业单位负责人，党政企事业单位其他相关人员，商业、服务业人员，学生，离退休人员。

据图 5-3，其中农民共 864 人，占总被调查者的 62.2%，其他各类人员所占比例都比较小。像这种进村进户类型的社会调查，难免会遇到这类

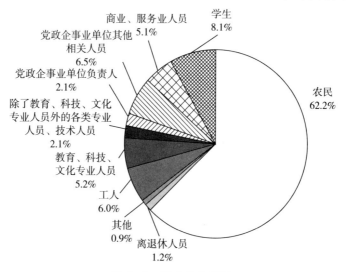

图 5-3 职业分布情况

情况，赋闲在家的多是农民，这在一定程度上影响了样本的多样性。除了上述选项中的职业，还有一些是道公、道师，但所占人数极少，仅有 3 人。

表 5-2 是各地具体情况的统计。

表 5-2　各地职业分布情况

单位：人

职业	那坡	宁明	大新	龙州	靖西	凭祥	东兴
农民	197	95	111	150	112	131	68
其他	2	0	0	1	4	2	4
工人	7	8	13	4	17	16	18
教育、科技、文化专业人员	0	30	2	13	2	2	23
除了教育、科技、文化专业人员外的各类专业人员、技术人员	3	3	5	2	5	8	3
党政企事业单位负责人	0	6	13	0	4	3	3
党政企事业单位其他相关人员	2	9	21	11	30	3	14
商业、服务业人员	4	13	6	8	4	5	31
学生	4	32	29	10	11	18	8
离退休人员	2	5	0	1	5	0	13

（五）教育背景分析

由于被调查者 60% 以上是农民，在一定程度上影响受教育程度的分布。初中及以下占 63.5%，其中未上过学的共 57 人，占 4.1%；高中（中专）共 330 人，占 23.8%；大专及以上共 163 人，仅占 11.7%（详见图 5-4）。

由表 5-3 可以看出职业和教育背景的关系，其中农民共 864 人，农民中大专及以上仅为 5 人，占总体的 0.4%。

表 5-3　职业与教育背景列联表

单位：人

		教育背景							合计
		未上过学	私塾	扫盲班	小学	初中	高中（中专）	大专及以上	其他	
职业	农民	50	2	16	183	446	161	5	1	864
	其他	0	1	0	5	0	2	2	3	13

续表

		教育背景								合计
		未上过学	私塾	扫盲班	小学	初中	高中（中专）	大专及以上	其他	
职业	工人	3	2	1	13	35	18	5	6	83
	教育、科技、文化专业人员	0	0	0	1	1	31	39	0	72
	除了教育、科技、文化专业人员外的各类专业人员、技术人员	1	0	0	3	9	6	9	1	29
	党政企事业单位负责人	2	0	1	0	3	3	20	0	29
	党政企事业单位其他相关人员	0	0	0	0	7	13	70	0	90
	商业、服务业人员	1	0	1	10	24	33	1	1	71
	学生	0	0	0	7	48	49	7	1	112
	离退休人员	0	0	0	1	5	14	5	1	26
合计		57	5	19	223	578	330	163	14	1389

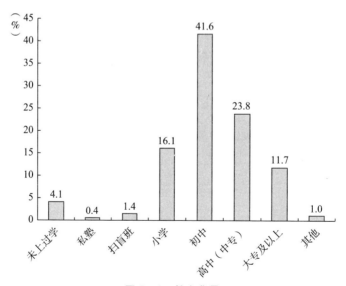

图 5-4　教育背景

表 5 – 4 是对各地被调查者受教育情况的统计。

表 5 – 4　各地受教育情况

单位：人，%

		未上过学	私塾	扫盲班	小学	初中	高中（中专）	大专及以上	其他	合计
那坡	人数	17	3	11	68	91	26	5	0	221
	百分比	7.7	1.4	5.0	30.8	41.2	11.8	2.3	0.0	100.0
宁明	人数	5	0	3	25	66	81	20	1	201
	百分比	2.5	0.0	1.5	12.4	32.8	40.3	10.0	0.5	100.0
大新	人数	4	0	1	12	101	47	29	6	200
	百分比	2.0	0.0	0.5	6.0	50.5	23.5	14.5	3.0	100.0
龙州	人数	2	0	2	24	100	49	23	0	200
	百分比	1.0	0.0	1.0	12.0	50.0	24.5	11.5	0.0	100.0
靖西	人数	14	0	1	19	84	31	38	7	194
	百分比	7.2	0.0	0.5	9.8	43.3	16.0	19.6	3.6	100.0
凭祥	人数	7	2	2	36	84	51	6	0	188
	百分比	3.7	1.1	1.1	19.1	44.7	27.1	3.2	0.0	100.0
东兴	人数	8	0	1	39	52	43	42	0	185
	百分比	4.3	0.0	0.5	21.1	28.1	23.2	22.7	0.0	100.0

二　中越边境广西边民的语言使用情况

本次调查从以下几个方面了解中越边境广西边民的语言使用情况：一是了解边民能用哪些语言和人交谈，通过多选的形式来调查生活在中越境的边民的语言掌握量；二是了解边民平时最常使用的语言，通过单选的形式来调查整个边境的语言环境；三是对普通话、本民族语和方言的熟练程度的调查；四是对其他国家语言的掌握情况，以及熟练程度的调查。

（一）中越边境广西边民的语言掌握量

调查问卷问及现在能用哪些语言与人交谈（多选），发现生活在中越边境的广西边民大多会 2~3 种语言，最多的会 6 种语言。

其中，赣语、吴语和柬埔寨语比例为 0，北方方言、平话、客家话、湘语、闽语、泰语、老挝语的比例非常低，都不超过 3%；会说普通话的比例高达 89.3%，共 1241 人；会说壮话的有 1008 人，占 72.6%；会说白话的有 639 人，占 46.0%。会说越南语的有 130 人，占 9.4%，作为一门外语，达到这个比例，已经算很高，说明在边境生活，有很多地方需要用到越南语。在其他语言里，所选的 23 人，都是东兴市江平镇沥尾村的被调查者，沥尾村是全国人口最少的少数民族之一京族的聚居点，他们所说的语言是京语。

以下是各地语言使用情况的具体数据。

那坡：

普通话：189 人，占那坡被调查者的 85.5%；

北方方言：1 人，占那坡被调查者的 0.5%；

白话：2 人，占那坡被调查者的 0.9%；

平话：3 人，占那坡被调查者的 1.4%；

壮话：203 人，占那坡被调查者的 91.9%；

客家话、闽语、湘语、赣语、吴语、越语、老挝语、泰语等其他语言使用人数均为 0。

宁明：

普通话：192 人，占宁明被调查者的 95.5%；

北方方言：6 人，占宁明被调查者的 3.0%；

白话：124 人，占宁明被调查者的 61.7%；

平话：2 人，占宁明被调查者的 1.0%；

壮话：192 人，占宁明被调查者的 95.5%；

客家话：13 人，占宁明被调查者的 6.5%；

越语：14 人，占宁明被调查者的 7.0%；

老挝语：1 人，占宁明被调查者的 0.5%；

闽语、湘语、赣语、吴语、泰语等其他语言使用人数均为 0。

大新：

普通话：200 人，占大新被调查者的 100.0%；

北方方言：2 人，占大新被调查者的 1.0%；

白话：122 人，占大新被调查者的 61%；

平话：3 人，占大新被调查者的 1.5%；

壮话：177 人，占大新被调查者的 88.5%；

客家话：5 人，占大新被调查者的 2.5%；

闽语：1 人，占大新被调查者的 0.5%；

越语：7 人，占大新被调查者的 3.5%；

老挝语：1 人，占大新被调查者的 0.5%；

泰语：4 人，占大新被调查者的 2.0%；

其他：3 人，占大新被调查者的 1.5%；

湘语、赣语、吴语使用人数均为 0。

龙州：

普通话：108 人，占龙州被调查者的 54.0%；

北方方言：3 人，占龙州被调查者的 1.5%；

白话：105 人，占龙州被调查者的 52.5%；

平话：1 人，占龙州被调查者的 0.5%；

壮话：174 人，占龙州被调查者的 87.0%；

闽语：1 人，占龙州被调查者的 0.5%；

越语：4 人，占龙州被调查者的 2.0%；

客家话、湘语、赣语、吴语、老挝语、泰语等其他语言的使用人数均为 0。

靖西：

普通话：183 人，占靖西被调查者的 94.3%；

北方方言：2 人，占靖西被调查者的 1.0%；

白话：23 人，占靖西被调查者的 11.9%；

平话：20 人，占靖西被调查者的 10.3%；

壮话：93 人，占靖西被调查者的 47.9%；

客家话：39 人，占靖西被调查者的 20.1%；

湘语：1 人，占靖西被调查者的 0.5%；

越语：2 人，占靖西被调查者的 1.0%；

闽语、赣语、吴语、老挝语、泰语等其他语言的使用人数均为 0。

凭祥：

普通话：186 人，占凭祥被调查者的 98.9%；

北方方言：1 人，占凭祥被调查者的 0.5%；

白话：104 人，占凭祥被调查者的 55.3%；

平话：11 人，占凭祥被调查者的 5.9%；

壮话：162 人，占凭祥被调查者的 86.2%；

客家话：2 人，占凭祥被调查者的 1.1%；

越语：45 人，占凭祥被调查者的 23.9%；

闽语、湘语、赣语、吴语、老挝语、泰语等其他语言的使用人数均为 0。

东兴：

普通话：183 人，占东兴被调查者的 98.9%；

北方方言：6 人，占东兴被调查者的 3.2%；

白话：159 人，占东兴被调查者的 85.9%；

平话：1 人，占东兴被调查者的 0.5%；

壮话：7 人，占东兴被调查者的 3.8%；

客家话：16 人，占东兴被调查者的 8.6%；

越语：58 人，占东兴被调查者的 31.4%；

闽语、湘语、赣语、吴语、老挝语、泰语等其他语言的使用人数均为 0。

仔细分析各地的数据，我们可以发现以下几点。

（1）关于普通话。在本次调查的 7 个点中，大新的所有被调查者都会说普通话，普通话掌握率达到 100%，龙州的被调查者中只有 54.0% 的人掌握普通话，那坡的被调查者中掌握普通话的比例为 85.5%，其余的宁明、靖西、凭祥、东兴的普通话掌握率都在 90% 以上。

（2）关于白话。在本次调查的 7 个点中，东兴共有 159 人掌握白话，比例高达 85.9%，而那坡只有 2 人会讲白话，比例仅为 0.9%，靖西的白话掌握率也仅为 11.9%，而宁明、大新、龙州、凭祥的白话掌握率都超过 50%。

（3）关于壮话。在本次调查的 7 个点中，大致分为 3 种情况。其一，被调查者中很少有人掌握壮话——东兴，仅有 7 人会说壮话，比例仅为 3.8%；其二，被调查者中有一半左右的人掌握壮话——靖西，有 93 人掌握壮话，比例为 47.9%；其三，被调查者中绝大多数人掌握壮话，共有 5 个点，分别是宁明、那坡、大新、龙州、凭祥，比例均在 85% 以上。

（4）关于越语。在本次调查的 7 个点中，那坡所有被调查者中没有一个人会说越语，而东兴被调查者中会说越语的最多，共 58 人，占 31.4%，其次为凭祥，有 45 人掌握越语，占凭祥被调查者的 23.9%，其他的几个点越语掌握率均在 10% 以下。

（5）北方方言、平话、客家话、闽语、湘语、赣语、吴语、老挝语、泰语等的掌握率均很低。

（二）中越边境广西边民最常使用的语言文字

1. 最常使用的话（语言）

在"您平时最常使用的语言"中，壮话所占的比例最大，有 752 人选择，所占比例为 54.1%，其次是普通话和白话，分别占 21.8% 和 19.1%，由此可以看出，边民在平时交谈的时候比较倾向于选择壮话和白话。而其他语言只有很少比例的人选择，或者根本没有人选择（详见图 5 - 5）。

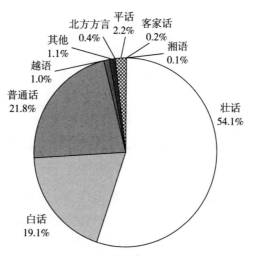

图 5 - 5 平时最常使用的语言

通过表 5-5 可知，农民，工人，除教育、科技、文化专业人员外的各类专业人员、技术人员，党政企事业单位人员，商业、服务业人员等各类被调查者平时最常使用的语言以白话、壮话为主，只有学生，有超过一半的人（52.7%）选择普通话。

表 5-5　各职业与平时最常使用的语言列联表

单位：人

		平时最常使用的语言								合计
		普通话	越南语	其他	北方方言	白话	平话	壮话	客家话	湘语	
职业	农民	131	8	5	4	124	27	565	0	0	864
	其他	1	0	2	0	2	0	8	0	0	13
	工人	28	0	0	0	18	2	33	2	0	83
	教育、科技、文化专业人员	31	0	0	0	16	0	25	0	0	72
	除了教育、科技、文化专业人员外的各类专业人员、技术人员	7	0	0	1	5	0	16	0	0	29
	党政企事业单位负责人	5	0	0	0	18	0	6	0	0	29
	党政企事业单位其他相关人员	24	0	0	0	24	1	40	0	1	90
	商业、服务业人员	11	1	2	0	41	1	15	0	0	71
	学生	59	1	0	0	13	0	38	1	0	112
	离退休人员	6	4	6	0	4	0	6	0	0	26
合计		303	14	15	5	265	31	752	3	1	1389

2. 最常使用的文字

据图 5-6，绝大多数人平时最常使用的文字是汉字，共 1241 人，占全部调查人口的 89.3%，除了汉字外使用人数最多的是壮文，共 101 人，占 7.3%，使用壮文的一般是民间的师公、道公等，其他文字的使用者非常少，总共占 3.4%。

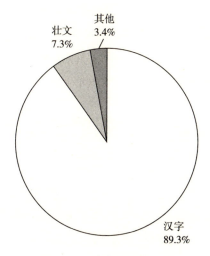

图 5 - 6　最常使用的文字

　　各地的具体数据见表 5 - 6，因与整体统计数据无太大差异，不做详细说明。

表 5 - 6　各地平常最常使用的文字

单位：人，%

调查点		汉字	壮文	除壮文以外的 其他少数民族文字	英语	越南文	其他
那坡	人数	197	21	0	0	0	3
	百分比	89.1	9.5	0.0	0.0	0.0	1.4
宁明	人数	190	6	4	0	1	0
	百分比	94.5	3.0	2.0	0.0	0.5	0.0
大新	人数	161	36	1	2	0	0
	百分比	80.5	18.0	0.5	1.0	0.0	0.0
龙州	人数	189	9	1	0	0	1
	百分比	94.5	4.5	0.5	0.0	0.0	0.5
靖西	人数	169	8	12	0	0	5
	百分比	87.1	4.1	6.2	0.0	0.0	2.6
凭祥	人数	170	13	3	1	1	0
	百分比	90.4	6.9	1.6	0.5	0.5	0.0

续表

调查点		汉字	壮文	除壮文以外的 其他少数民族文字	英语	越南文	其他
东兴	人数	165	8	4	1	6	1
	百分比	89.2	4.3	2.2	0.5	3.2	0.5

（三）中越边境广西边民普通话和本民族语或方言的掌握程度

1. 普通话程度

据图5-7，能流利地与人交谈，没有任何障碍的被调查者共有735人，占52.9%；能熟练地使用，但个别时候会遇到障碍的有254人，占18.3%；基本能交谈，但不熟练的有156人，占11.2%；能听懂，但不太会说的有106人，占7.6%；能听懂一些，但不会说的有98人，占7.1%；仅有40人听不懂也不会说普通话，占总数的2.9%。

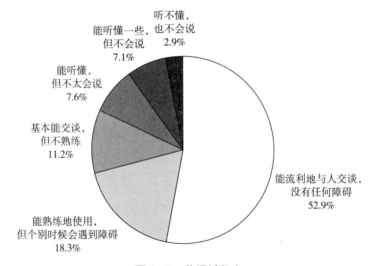

图5-7　普通话程度

通过表5-7可得出，"听不懂，也不会说"这个选项，在20岁以下年龄段中为0，21～30岁，仅占1.1%，31～40岁，只占1.3%，41～50岁和51～60岁分别为2.5%和3.7%，而到60岁以上，却高达21.7%，超过1/5的人不会普通话，听不懂也不会说普通话的比例随着年龄的增加呈增大趋势。

表 5 - 7 普通话程度与年龄列联表

		年龄						合计
		20 以下	21～30	31～40	41～50	51～60	60 以上	
普通话程度	能流利地与人交谈，没有任何障碍							
	计数（人）	147	176	168	116	93	35	735
	占各年龄段百分比（%）	70.0	63.8	54.7	35.8	49.2	42.2	52.9
	能熟练地使用，但个别时候会遇到障碍							
	计数（人）	42	42	53	78	27	12	254
	占各年龄段百分比（%）	20.0	15.2	17.3	24.1	14.3	14.5	18.3
	基本能交谈，但不熟练							
	计数（人）	12	27	42	46	23	6	156
	占各年龄段百分比（%）	5.7	9.8	13.7	14.2	12.2	7.2	11.2
	能听懂，但不太会说							
	计数（人）	7	21	24	34	15	5	106
	占各年龄段百分比（%）	3.3	7.6	7.8	10.5	7.9	6.0	7.6
	能听懂一些，但不会说							
	计数（人）	2	7	16	42	24	7	98
	占各年龄段百分比（%）	1.0	2.5	5.2	13.0	12.7	8.4	7.1
	听不懂，也不会说							
	计数（人）	0	3	4	8	7	18	40
	占各年龄段百分比（%）	0.0	1.1	1.3	2.5	3.7	21.7	2.9
合计	计数（人）	210	276	307	324	189	83	1389
	占各年龄段百分比（%）	100.0	100.0	100.0	100.0	100.0	100.0	100.0

　　造成这种现状的原因有如下几个：一是年轻人大多接受过学校教育，受过良好的普通话教育，普通话水平较高，年纪大的人接受学校教育的机会少，普通话水平得不到提高；二是普通话的大规模推广是在 20 世纪末，年纪大的人学好普通话难度大，而年轻人具有学习上的优势；三是年轻人外出学习、打工，与外界的接触多，年纪大的人生活环境相对单一，多在自己的家乡，家乡的语言环境充溢着"土话"、方言，这在很大程度上制约了普通话在年纪大的人群中的推广。

　　从图 5 - 8 可以看出，那坡、宁明、大新、龙州、靖西、凭祥、东兴七地中，大新的普通话程度相对较高，"能流利地与人交谈，没有任何障碍"的比例高达 81.0%。

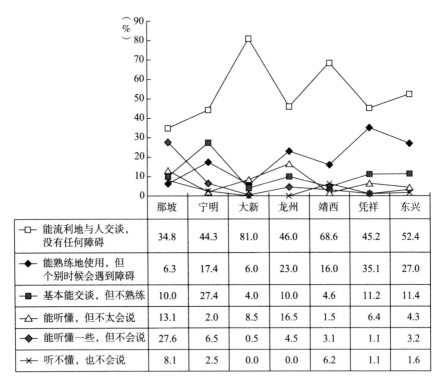

	那坡	宁明	大新	龙州	靖西	凭祥	东兴
—□— 能流利地与人交谈，没有任何障碍	34.8	44.3	81.0	46.0	68.6	45.2	52.4
—◆— 能熟练地使用，但个别时候会遇到障碍	6.3	17.4	6.0	23.0	16.0	35.1	27.0
—■— 基本能交谈，但不熟练	10.0	27.4	4.0	10.0	4.6	11.2	11.4
—△— 能听懂，但不太会说	13.1	2.0	8.5	16.5	1.5	6.4	4.3
—◆— 能听懂一些，但不会说	27.6	6.5	0.5	4.5	3.1	1.1	3.2
—✕— 听不懂，也不会说	8.1	2.5	0.0	0.0	6.2	1.1	1.6

图 5 - 8　普通话程度各地情况

2. 本民族语或者方言程度

据图 5 - 9，能流利地与人交谈，没有任何障碍的被调查者共有 887 人，占 63.9%；能熟练地使用，但个别时候会遇到障碍的有 233 人，占 16.8%；基本能交谈，但不熟练的有 124 人，占 8.9%；能听懂，但不太会说的有 53 人，占 3.8%；能听懂一些，但不会说的有 43 人，占 3.1%；仅有 48 人听不懂也不会说本民族语或方言，占总数的 3.5%。

本次调查的 7 个点，被调查者对本民族语或是方言的掌握程度与中越边境地区的整个调查结果相仿，并没有明显的不同。其中选择"能流利地与人交谈，没有任何障碍"比例最高的是大新县，为 71.5%，其次是宁明（70.1%），其余均超过 50%（见图 5 - 10）。

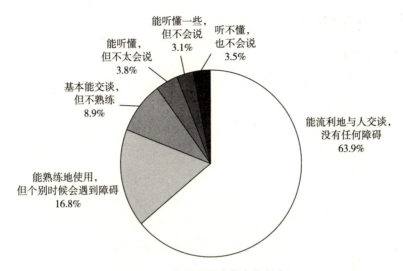

图 5 – 9　本民族语或者方言程度

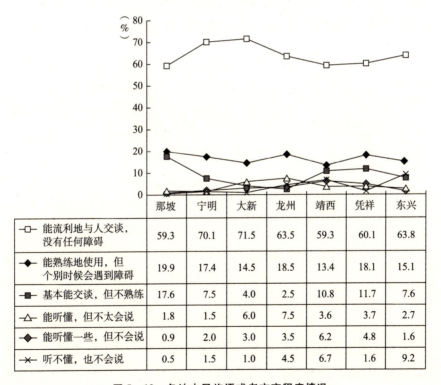

	那坡	宁明	大新	龙州	靖西	凭祥	东兴
能流利地与人交谈，没有任何障碍	59.3	70.1	71.5	63.5	59.3	60.1	63.8
能熟练地使用，但个别时候会遇到障碍	19.9	17.4	14.5	18.5	13.4	18.1	15.1
基本能交谈，但不熟练	17.6	7.5	4.0	2.5	10.8	11.7	7.6
能听懂，但不太会说	1.8	1.5	6.0	7.5	3.6	3.7	2.7
能听懂一些，但不会说	0.9	2.0	3.0	3.5	6.2	4.8	1.6
听不懂，也不会说	0.5	1.5	1.0	4.5	6.7	1.6	9.2

图 5 – 10　各地本民族语或者方言程度情况

（四）其他国家语言的掌握程度

1. 其他国家语言掌握量

本题用来了解中越边境广西边民是否掌握周边国家语言，包括：越南语、泰语、老挝语、柬埔寨语以及英语。

调查结果发现，会越南语的最多，有 392 人，占 28.2%（见图 5 - 11）。进一步分析数据可知，在中越边境广西部分的 7 个边境地区被调查者中，大新县会说越南语的比例最低，仅为 3.5%，只有 7 个人会说越南语，宁明、靖西、龙州三地会说越南语的比例分别为 9.0%、18.6% 和 18.0%，而凭祥、东兴、那坡三地会说越南语的比例比较高，分别为 33.5%、31.4% 和 56.6%（见图 5 - 12）。细究其原因：凭祥、东兴两地边贸点多、中越边贸活动频繁，越南语使用比例高；那坡县抽样时，抽取到的自然村与越南紧密相连，与边民交谈时了解到，从被调查的自然村去越南仅需步行十几分钟，独特的地理位置也是越南语使用人口多的原因之一。

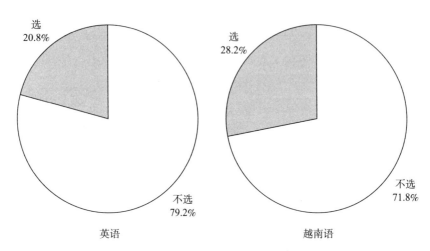

选
20.8%

不选
79.2%

英语

选
28.2%

不选
71.8%

越南语

图 5 - 11　其他国家语言掌握情况

其次是英语，有 289 人，占 20.8%，泰语、老挝语、柬埔寨语，只有少数人掌握。值得说明的是，越南语作为一种小语种，在没有政府行为的情况下，能达到 28.2% 的掌握率，是比较高的，这和被调查者生活环境不无关系。

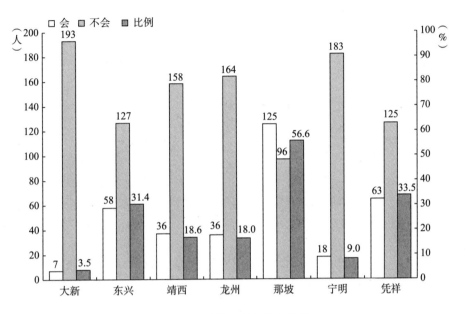

图 5 - 12　会越南语的人口比例

2. 其他国家语言的口语掌握程度

调查发现，能流利地与人交谈，没有任何障碍的有 72 人，占 5.2%；能熟练地使用，但个别时候会遇到障碍的有 82 人，占 5.9%；基本能交谈，但不熟练的有 146 人，占 10.5%。口语达到以上程度已经可以简单地交流。还有 192 人能听懂，但不太会说，192 人能听懂一些，但不会说，这两类人各占 13.8%，其余的 705 人，听不懂也不会说，完全不会其他国家语言（见图 5 - 13）。

我们抽取会越南语的样本进行仔细探究，见表 5 - 8，可得出：在会越南语的被调查者中，有 12.0% 的人选择了"能流利地与人交谈，没有任何障碍"，有 13.0% 的被调查者选择"能熟练地使用，但个别时候会遇到障碍"，19.6% 的人选择了"基本能交谈，但不熟练"，共有 44.6% 的人可以用越南语简单交谈。

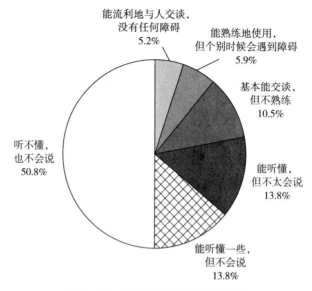

图 5-13 其他国家语言的口语程度

表 5-8 其他国家语言的口语程度如何与越南语列联表

			越南语		合计
			不选	选	
其他国家语言的口语程度如何	能流利地与人交谈，没有任何障碍	计数	25	47	72
		占会越南语人数百分比（%）	2.5	12.0	5.2
	能熟练地使用，但个别时候会遇到障碍	计数（人）	31	51	82
		占会越南语人数百分比（%）	3.1	13.0	5.9
	基本能交谈，但不熟练	计数（人）	69	77	146
		占会越南语人数百分比（%）	6.9	19.6	10.5
	能听懂，但不太会说	计数（人）	91	101	192
		占会越南语人数百分比（%）	9.1	25.8	13.8
	能听懂一些，但不会说	计数（人）	103	89	192
		占会越南语人数百分比（%）	10.3	22.7	13.8

			越南语		合计
			不选	选	
其他国家语言的口语程度如何	听不懂，也不会说	计数（人）	678	27	705
		占会越南语人数百分比（%）	68.0	6.9	50.8
合计		计数（人）	997	392	1389
		占会越南语人数百分比（%）	100.0	100.0	100.0

三 中越边境广西边民的文字使用情况

（一）汉字的使用情况

根据本次调查，绝大多数被调查者认识汉字，达到95.1%。其中，可以流畅地阅读的有885人，占63.7%；认识部分，但不能完全看懂书籍的有338人，占24.3%；认识极个别的有98人，占7.1%。仅有68人不认识汉字（详见图5-14）。

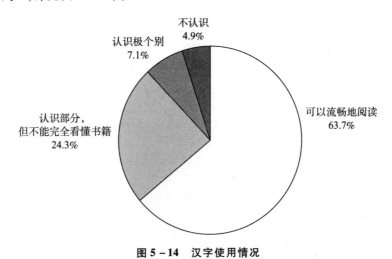

图5-14 汉字使用情况

（二）少数民族文字的使用情况

1. 是否会少数民族文字

通过表5-9可知，绝大多数被调查者不会少数民族文字，有875人，占63.0%，仅有少数人掌握少数民族文字——新壮文和方块壮字，分别有96人、347人，占6.9%和25.0%。调查时了解到，会方块壮字的基本是道公、麽公、壮族民间歌手等；会新壮文的一般都是参加过国家推广普及新壮文的壮文学校、壮文学习班的人。还有一些被调查者，多集中在东兴市沥尾村的京族聚居区，他们的少数民族语言文字是喃字。

表5-9 是否会少数民族文字

	频率（人）	百分比（%）	有效百分比（%）	累积百分比（%）
不会	875	63.0	63.0	63.0
新壮文	96	6.9	6.9	69.9
方块壮字	347	25.0	25.0	94.9
其他	71	5.1	5.1	100.0
合计	1389	100.0	100.0	

2. 少数民族文字的使用情况

根据图5-15可以看出，有37.9%的被调查者认识少数民族语言文字，其中可以流畅地阅读的仅有114人，占8.2%；认识部分，但不能完

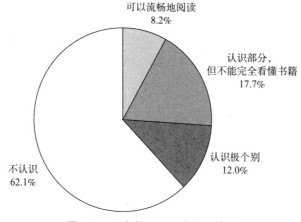

图5-15 少数民族文字使用情况

全看懂书籍的有 246 人，占 17.7%；认识极个别的有 166 人，占 12.0%。

通过表 5 - 10 可知，会新壮文的被调查者中可以流畅地阅读的所占比例最高，共 41 人，占 42.7%；会方块壮字的被调查者中"认识部分，但不能完全看懂书籍"的比例最高，有 158 人，占 45.5%。简单探究造成这种情况的原因：新壮文多是在壮文学校、壮文学习班中系统地学习到的，它的被掌握的程度更深一些，而认识方块壮字是民间的自发性行为，缺乏系统学习，所以它的被掌握程度多是"认识部分，但不能完全看懂书籍"。

表 5 - 10 少数民族语言文字与少数民族语言文字使用情况列联表

		少数民族语言文字使用情况				合计
		可以流畅地阅读	认识部分，但不能完全看懂书籍	认识极个别	不认识	
新壮文	计数（人）	41	28	17	10	96
	占新壮文百分比（%）	42.7	29.2	17.7	10.4	100.0
方块壮字	计数（人）	40	158	102	47	347
	占方块壮字百分比（%）	11.5	45.5	29.4	13.5	100.0
其他	计数（人）	12	41	15	3	71
	占其他百分比（%）	16.9	57.7	21.1	4.2	100.0
合计	计数（人）	114	246	166	863	1389
	占少数民族语言文字百分比（%）	8.2	17.7	12.0	62.1	100.0

（三）其他国家文字的使用情况

如图 5 - 16 所示，在认识其他国家文字的 466 人中，只有 53 人"可以流畅地阅读"，247 人只是"认识部分，但不能完全看懂书籍"，166 人"认识极个别"。

越南语是越南的官方语言，在中越边境，越南语是广西边民接触最多的外语，在表 5 - 11 中，我们可知，在会越南语的 392 人中，有 8.2% 的人，即仅 32 人可以流畅地阅读；认识部分，但不能完全看懂书籍的有 91

人，占 23.2%；认识极个别的有 79 人，占 20.2%；剩下的 48.5%，共
190 人不认识越南语，这一部分人只停留在口语的交流上，这和他们平时
在日常生活和交易活动中多采用口语的形式密切相关。

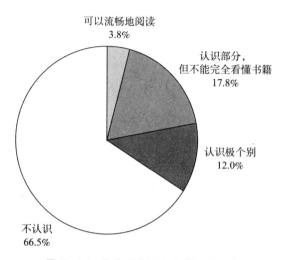

图 5 - 16　其他国家语言的书面语程度

表 5 - 11　越南语与其他国家语言的书面语程度列联表

		其他国家语言的书面语程度如何				合计
		可以流畅地阅读	认识部分，但不能完全看懂书籍	认识极个别	不认识	
越南语	计数（人）	32	91	79	190	392
	占会越南语人数百分比（%）	8.2	23.2	20.2	48.5	100.0
合计	计数（人）	53	247	166	923	1389
	占受调查人数百分比（%）	3.8	17.8	12.0	66.5	100.0

（四）总结

本次抽取的被调查者在年龄、性别、民族、职业、教育背景的分布上
基本合理，但仍有一些问题，比如男性比例偏高，农民比例过高，尽管如
此，我们可以认为，这些都是中越边境广西边民的特殊存在状况，对整个

调查没有太大影响，反而可以更好地反映中越边境广西边民语言使用情况和语言使用态度的特殊性。

本次调查区域为中越边境地区，多是壮族人聚居地，这较明显地表现在"平时最常使用的语言"上，有54.1%的人选择了壮话，紧接着是普通话和白话。在文字使用上，绝大多数被调查者使用汉字（89.3%），尽管20世纪50年代后国家为壮族创制了文字，但使用有限，在1389名被调查者中，选择壮文的只有7.3%。这一方面说明推行规范汉字近年来取得很大成果；另一方面，也要清醒地认识到，作为全国人口最多的少数民族的文字，壮文现正面临着生存困境，进一步发扬、保护、传承少数民族文字，任重而道远。

在外语使用上，有28.2%的人选择越南语，高于英语的选择率。英语是国家推荐学习的，而学习越南语是民间的、自发的行为，能达到如此高的比例，很大程度上是出于边民自身的交际需求。在选择越南语的被调查者中，有45%左右能达到基本的口语交流水平。

四　中越边境广西边民与周边国家国民接触情况和语言文字使用情况调查与分析

中越边境（广西部分）那坡县、靖西市、大新县、龙州县、凭祥市、宁明县、东兴市7地，与越南山水相连，生活在这里的广西边民通过买卖、宗教、祭祖、访亲拜友、农业等生产领域的交流乃至婚姻等多种方式和越南边民发生联系。这个部分通过调查广西边民和周边国家国民的接触频率、区域、事由以及交流时采用的方式，来了解中越边民接触交流的基本情况。

（一）中越边境广西边民与周边国家国民接触的基本情况

1. 中越边境广西边民与周边国家国民接触的频率

生活在中越边境的广西边民，和周边国家国民接触较多。其中，每个月接触超过10次的有195人，占14.0%（见图5-17）。

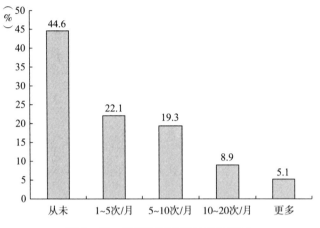

图 5－17　和周边国家国民接触频率

　　我们进行调查的那坡县、靖西市、大新县、龙州县、凭祥市、宁明县、东兴市 7 地，与越南紧密相连，有着得天独厚的地理优势，这里的边民有很多机会接触周边国家国民，有些边民天天与周边国家国民打交道。

2. 中越边境广西边民与周边国家国民接触的区域

　　中越边境广西边民与周边国家国民接触的区域多集中在中国境内，共有 942 人，占 82.3%，其中又分为自由贸易区和非自由贸易区，分别有530 人和 412 人，占 46.3% 和 36.0%（见图 5－18）。

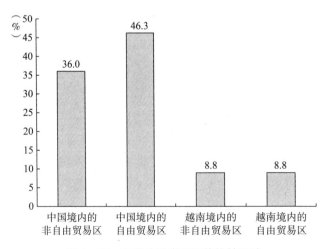

图 5－18　和周边国家国民的接触区域

中国商务部国际司司长张克宁对自由贸易区的定义如下：所谓自由贸易区，是指两个或两个以上国家或地区通过签署协定，在 WTO 最惠国待遇基础上，相互进一步开放市场，分阶段取消绝大部分货物的关税和非关税壁垒，在服务业领域改善市场准入条件，实现贸易和投资的自由化，从而形成涵盖所有成员全部关税领土的"大区"。

中国-东盟自贸区全面建成于 2010 年，是我国第一个同其他国家商谈的自贸区，也是目前建成的最大的自贸区。其成员包括中国和东盟十国，涵盖 18.5 亿人口和 1400 万平方公里土地。本次调查的 7 个地区中东兴、凭祥等地区都设有自由贸易关口，很多边民在这个区域与周边国家国民接触。

3. 中越边境广西边民与周边国家国民接触的最主要事由

在调查中越边境广西边民与周边国家国民接触的最主要事由时，我们设定了以下几种可能，包括：买卖等交易活动，宗教、祭祖等事务，访亲拜友，信息文化交流，农业等生产领域的交流，婚姻。其中有效答卷 1156份，买卖等交易活动所占比例最大，共 569 人，占 49.2%（见图 5-19）。造成这种情况的原因有以下三个：第一，中国-东盟自由贸易协议为边民减免关税进行交易提供了政策支持；第二，所调查地区多设有自由贸易的口岸，为边民做买卖等交易活动提供了便利的场所；第三，生活在中越边境的边民有着优越的地理条件——与越南山水相连，便于交易和货物的运送。

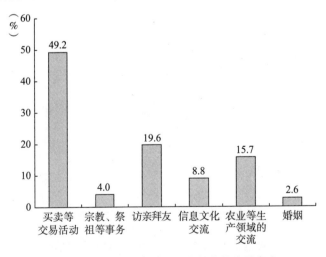

图 5-19　和周边国家国民接触的最主要事由

除此之外，有 227 人和周边国家国民接触的最主要事由是访亲拜友，有 30 人最主要的事由是婚姻，有 46 人是宗教、祭祖等事务。这在一定程度上说明，广西边民与周边国家国民的接触已经不单单表现在买卖等交易层面，而且上升到精神、血缘层面。

4. 中越边境广西边民与周边国家国民接触的方式

在与周边国家国民接触时，通常采用口语的有 837 人，占与周边国家国民有接触活动人数的 72.2%，这在一定程度上表明，边民间的交流基本上没有什么障碍。而选择书面语的仅有 1.3%，这也显示了在日常交际中口语的强大优势。

（二）中越边境广西边民与周边国家国民接触时语言文字使用情况

1. 中越边境广西边民与周边国家国民接触时使用的语言（口语）

在与周边国家国民交流时，最常使用的口语是壮话，共有 775 人，占与周边国家国民有接触活动人数的 66.6%，这是因为广西人口最多的少数民族是壮族，壮话、土话等在边境各地广泛存在（如前述，被调查的 1389 人中，有 1008 人会说壮话，占 72.6%）。与周边国家国民接触时使用普通话的占 14.9%，共 173 人，使用白话和越南语的分别有 85 人和 76 人，使用其他语言的人数比较少，都不超过 30 人（详见图 5-20）。

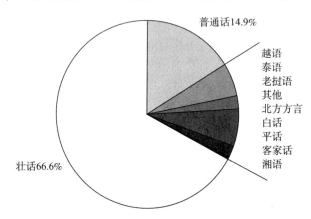

图 5-20　和周边国家国民接触时通常使用何种口语进行交流

2. 中越边境广西边民与周边国家国民接触时使用的书面语

在与周边国家国民交流时，最常使用的书面语是汉字，共有 682 人，占与周边国家国民有接触活动人数的 66.7%，而选择其他文字的被调查者相对来说比较少，都不超过 100 人，除此之外，还有一些人选择无文字交流，共有 115 人，占 11.2%（详见图 5 - 21）。

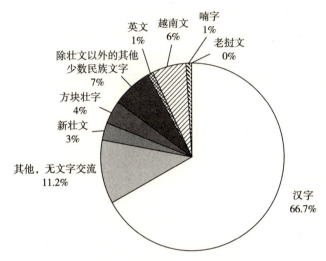

图 5 - 21　和周边国家国民接触时通常使用何种文字

（三）总结

通过对中越边境广西边民与周边国家国民接触情况的调查，可知：有 55.4% 的被调查者与周边国家国民有接触，与周边国家国民有接触活动的被调查者中，有 82.3% 的接触地点在中国境内，接触的事由有将近一半是买卖等交易活动，有 72.2% 只用口语进行交流，口语多采用壮话（高达 66.6%），书面语则多采用汉字（66.7%）。

中越边境线上，除了国家、区级口岸需要凭证件出入境外，在绵延千余里的边境线上，有上千条民间小径通往两国，生活在边境线附近的边民，通过大路小径密切交往。接触和交往大致分为两种。

第一，经济类交往。生活在边境线两边的中越两国边民，大多数过着自给自足的生活，人们为了换取自己需要的布、碗、热水瓶等家用产品，必须进行商品交换。边境线两侧都有定期的圩日，人们在圩日可以越过边境线，把自己生产的土特产拿去交换需要的东西。随着经济的发展，中越两国边境贸易日益频繁，涉及的领域已不仅是家用产品，还包括其他各类产品，如食品、中草药材等。

第二，感情类交往。中越边境线两侧的民族实质上是同一民族，之间的交往密切，特别是有姻亲、血缘关系的人，交往更加密切。亲人分居两国的现象并不罕见，所以每逢节日、婚丧喜庆的日子，仍会经常走访。

中越边境边民通过上述两种方式，或通婚，或走亲访友，或经商，或旅游等，为之间的语言交流提供了便利，也为相互学习对方语言创造了良好的语言环境。许多边境地区的边民在和越南等东盟邻国国民的交往中自然而然地学会了对方国家的语言。

第六章

高校语言使用情况专项调查与分析

选取南宁职业技术学院、广西机电职业技术学院、广西国际商务职业技术学院三所全日制高职院校在校学生为专项调查对象，选择原因见于第一章。共发放 300 份问卷，回收有效问卷共 296 份，回收率 98.67%。其中男生 146 份，女生 150 份。广西国际商务职业技术学院，共发放 55 份，回收 54 份（男生 23 份，女生 31 份）；广西机电职业技术学院，发放 104 份，回收 101 份（男生 52 份，女生 49 份）；南宁职业技术学院，共发放 141 份，回收 141 份（男生 71 份，女生 70 份）。调查对象的总体情况是大部分来自乡镇地区；绝大部分是广西区内的学生，其中少数民族的学生占了一定的比例。

一　高职院校学生语言使用情况分析

（一）家庭内部语言使用情况分析

家庭内部语言的使用往往是最自然、最丰富复杂的。家庭是方言最容易保存的地方，是普通话最难触及的领地。此点从这三所院校学生家庭内部语言使用情况的数据便可以看出。而南宁高职院校学生家庭内部语言使用情况如此复杂，与广西作为一个多民族、多方言的地区是相吻合的。

1. 家庭内部语言使用情况数据汇总

表 6-1　会的语种数的统计

成员 ＼ 会的语种	1 种（人）	比例（％）	2 种（人）	比例（％）	3 种（人）	比例（％）	4 种（人）	比例（％）	5 种（人）	比例（％）
调查对象（男）	8	2.70	48	16.22	46	15.54	28	9.46	18	6.08
调查对象（女）	13	4.39	41	13.85	58	19.59	26	8.78	10	3.38
调查对象（总）	21	7.09	89	30.07	104	35.14	54	18.24	28	9.46
父亲	43	14.53	122	41.22	109	36.82	12	4.05	10	3.38
母亲	43	14.53	136	45.95	98	33.11	10	3.38	9	3.04
爷爷	89	30.07	147	49.66	51	17.23	6	2.03	3	1.01
奶奶	102	34.46	143	48.31	42	14.19	6	2.03	3	1.01

表 6-2　与父辈、祖辈交流的语种统计

交谈对象 ＼ 使用的语种	普通话（人）	比例（％）	对话对象的母语（人）	比例（％）
父亲（母亲）	44	14.86	252	85.14
爷爷（奶奶）	20	6.76	276	93.24

2. 家庭内部语言使用的情况

从表 6-1、表 6-2 可以很清楚地看出这三所院校学生家庭内部语言使用的情况。首先来看他们会说的语种数比例。总的来说，年幼的比年长的掌握的语种数多，男性掌握的语种数比女性稍多。具体来看，祖辈：掌握 5 种语种的最少，掌握 2 种的最多，几乎占了一半；比例居第二的是掌握 1 种的，而且女性比男性的比例高；比例居第三的是掌握 3 种的，这时男性比例比女性的高。父辈：掌握 5 种的也最少，但和祖辈比起来，比例增加了 2 倍多，虽然掌握 2 种的仍居第一，但比例有所下降，因为掌握 3 种语种的比例上升，同时会 1 种的明显下降。调查对象这一辈，掌握 5 种语种的比例继续上升，同时掌握 1 种语种的比例大大下降，掌握 3 种的排第一，掌握 4 种的比例也明显上升。

再来看家庭内部交流使用的语种，发现使用母语交流的比例占绝对优势，且与祖辈交流使用母语的比例高于与父辈交流的比例。也就是说，随着社会的发展，人们使用普通话交流的比例升高，纵使在家庭中也不例外。但不管怎么样，使用母语进行交流的人还是占大多数，这说明，方言在家庭中保留得最完整，家庭是方言的根据地，是方言最后存在的大本营。这对于很多移居海外的人来说也一样，他们在外会使用当地的语言，但在家中仍使用母语和孩子进行交流，因此可以使方言得以保存。这在客家话中表现得最为明显，不同地方的客家话有很强的一致性，原因就在于客家人恪守"宁卖祖宗田，不忘祖宗言"的信念，坚持使用客家话进行交流，纵使是出外求学的人回到家乡还是得用客家话，否则会被大家取笑忘祖。但用普通话交流占的两个比例 6.76% 和 14.86%，又在提醒我们，方言的发展面临很大的挑战，越来越多的父母为了使自己的孩子将来能更好地与社会接轨，在家中也使用普通话和孩子交流，很多孩子学会的第一门语言是普通话，之后和家庭外部的人交流才掌握父母的方言。这种情况是比较畸形的，和一般自然发展的规律是相违背的，是值得我们反思的地方。不同的方言承载了丰富的文化，"拯救方言"是很多学者喊出的口号，虽然也有很多学者反对，认为不应该对语言进行人为的干涉，我们能做的只是把它们记录下来。但在普通话被人为推广的前提下，方言的发展确实是一个值得考虑的问题。

但另外，上述情况也说明普通话的推广工作做得越来越好，掌握普通话的人越来越多，对普通话的认同感越来越高。

3. 家庭内部语言使用情况的成因分析

家庭内部语言的使用情况总的来说是很复杂的，本书只是笼统地调查他们使用的是普通话还是母语，如果深入研究，会发现每个家庭使用的母语是各种各样的，这在我们的口头询问中就得以体现。在我们的调查中，三代人大多是双语人或多语人，而且即使掌握的语种数相同，掌握的具体语言也不相同；随着年龄的不同，掌握的语种数也不同等。这些复杂情况的成因可从以下几个方面考虑。

（1）交际的需要

大的方面，广西是一个多民族的地区，也是一个多方言地区，生活在这个地区的人避免不了相互接触，在接触中由于交际的需要而学会了多门语言，这是交际的需要使然。"语言最重要的功能或者说本质功能是社会交际功能和思维认知功能。""一种语言如果不再为社会交际所需要，不再作为社会交际的工具使用，就会消亡。"① 因此，可以说，交际需要是语言产生和消亡的直接原因。广西区内的人居住的地方往往存在多种民族语言或方言，他们之间会有各种形式的接触和来往，需要用彼此都能听得懂的语言，这时候存在两种情况：一是学习彼此的语言；二是采用当地的强势方言。在普通话没有普及之前，这两种情况都是很常见的。由于是交际的需要，因此，他们都能很快且很好地掌握。这些语言被熟练掌握之后，便会慢慢深入家庭，成为家庭用语的一部分。

（2）文化的原因

美国已故的语言学教授萨丕尔（Edward Sapir）说："语言背后是有东西的。而且，语言不能离开文化而存在。"帕默（L. R. Palmer）也说："语言的历史和文化的历史是相辅而行的，它们可以互相协助和启发。"②

这说明，一种语言就代表了一种文化，持这种语言的人往往会认同它本身携带的文化。而当这种认同感存在的时候，语言就不会轻易消亡。广西区内多种语言（方言）共存的前提是，没有哪一种语言（方言）强势到令持别的语言（方言）的人放弃自己本来的语言去学习它。虽然很多地方都存在强势方言（语言），在这些地区，人们会掌握当地的强势方言（语言），但同时也保留自己的语言。他们学习强势方言（语言）的动机往往是实用型的（下文会进一步介绍），只是为了交际的需要，因此，潜在的文化使命感会让自己继续保留自己的语言。虽然一些地区的人会产生归附的学习动机，如贺州说白话的人就认为自己所说的白话和广州粤语是相同的，并且极力模仿广州粤语口音，但这种毕竟是少数，由于广州的经济、文化都非常发达，所以才能出现这样的情况，他们往往认同了广州粤语背后的文化，才会产生归附心理。

文化上的认同，语言上的保留，是广西双语、多语社会存在的原因，只要这种文化认同不消失，语言就不会消失。

（3）工作（求学）因素

会的语种数随着年龄的变化而变化，其中有一个因素就是工作和求

---

① 邢福义，吴振国，主编. 语言学概论［M］. 武汉：华中师范大学出版社，2002.
② 罗常培. 语言与文化［M］. 北京：北京出版社，2004.

学。祖辈很多都是农民，一辈子就待在一个地方，没有走到外面的世界，因此，受普通话的影响最小，往往不能说甚至不会听普通话。而从父辈开始，很多都会到外地求学或者工作，因此，普通话往往是必须掌握的，同时也可能会掌握求学地或工作当地的方言（语言），年青的一辈还可能会掌握一门外语。因此，掌握的语种数会出现年龄上的差别。

而具体来说，不同的工作性质对于交际的需要也是不同的。从职业性质对交际的需求方面来说，社会语言学者把在职及在学者统称为"动态社会群组"，统合的原则是这两部分人有两个共同点：一是他们大部分时间都在家庭以外的环境活动，二是他们均处于攀登社会（事业或学业）阶梯的过程中。基于这种不断推高个人社会地位的压力，"动态社会群组"对掌握第一语言以外的语言，需特别重视，因此这个群组的多语化程度也就较高。

"设备操作人员、生产人员（主要是农村生产人员）不仅文化程度大体偏低，交际需求也不够迫切……特别是被社会语言学者统称为'静态社会群组'的人员如主妇、不在职人员及退休人员等，他们的交际活动范围相对较狭，所需使用的语言种类也比较单一……"①

"动态社会群组"和"静态社会群组"的区分很好地概括了因职业性质的不同产生不同交际需求的特点。祖辈多属于静态社会群组，被调查对象则属于动态社会群组，而他们的父辈则居中。由于这些学校的学生多来自广西乡镇，父辈大多也是在家进行生产，所以离动态社会群组有一定的距离。这些都在很大程度上影响三代人掌握语言的情况。

（二）家庭外部语言使用情况分析

家庭外部语言使用的情况相对家庭内部语言来说较简单，普通话是主要的交流语言。但广西是一个多方言（语言）地区，一个县或一个镇甚至一个村都可能会采用双语或多语，语言情况非常复杂，由于笔者精力和能力有限，没能深入调查他们使用的具体方言或民族语言，只是笼统分为两项调查，即普通话和其他（方言或少数民族语言）两类，具体的方言不在我们的讨论范围之内。

---

① 王里平. 广西双语社会分析 [D]. 南宁：广西大学，2004.

1. 家庭外部语言使用情况数据汇总

家庭外部语言使用情况如表6－3、表6－4所示。

表6－3　各种场合采用的交流语种

场合 ＼ 语种	普通话（人）	比例（%）	其他（人）	比例（%）
小学	133	44.93	163	55.07
初、高中	200	67.57	96	32.43
大学	278	93.92	18	6.08
市场	264	89.19	32	10.81
医院	268	90.54	28	9.46
政府	270	91.22	26	8.78
课堂（小学）	242	81.76	54	18.24
课堂（初、高中）	275	92.91	21	7.09
课堂（大学）	289	97.64	7	2.36

表6－4　与老乡交谈用的语种

调查对象 ＼ 语种	普通话（人）	比例（%）	家乡话（人）	比例（%）
调查对象（男）	51	17.23	95	32.09
调查对象（女）	34	11.49	116	39.19
调查对象（总）	85	28.72	211	71.28

2. 家庭外部语言使用的情况

从表6－3中的数据来看，使用普通话的比例随着文化等级的升高而升高，相对应的，使用方言的比例就减小，到大学的时候，只有不到10%的人还采用方言与同学交流。而采用普通话交流从小学到大学的比例分别为44.93%、67.57%和93.92%，可以看出大学采用普通话交流的比例足足是小学的两倍多。而在市场、医院和政府采用普通话交流的比例分别为89.19%、90.54%和91.22%，比小学和初高中的都高，只是比大学的低，可以说，在这三种场合，普通话的使用是主要的。而课堂教学上教师采用普通话教学的比例也是随着文化等级的升高而升高，到大学几乎全部采用普通话教学，比例达到97.64%。

而在和老乡交谈的时候，71.28% 的人会采用方言，其中女性的比例高于男性；28.72% 的人采用普通话，其中男性的比例高于女性（见表 6 - 4）。

3. 家庭外部语言使用情况的成因分析

家庭外部语言的使用情况稍微比家庭内部的使用情况简单，虽然方言或少数民族语言一直发挥重要的交际作用，但使用普通话的比例明显增高。具体有以下两方面的原因。

（1）实际需要

走出家庭，意味着交谈的对象来自不同的地方，持不同的语种，在这种情况下，就必须采用一种大家都能听得懂的语言，这种语言往往由共同语或强势方言充当，而人的来源地越广泛，强势方言存在的可能性就越小，因此，这时候只能由民族共同语来担当。所以在家庭外部，普通话的使用比例会明显增高，这是客观条件要求的。

（2）政治因素

国务院 1956 年发布《关于推广普通话的指示》，1982 年《中华人民共和国宪法》规定"国家推广全国通用的普通话"，推广普通话的工作正式纳入法定位置。后来，经国务院第 134 次总理办公会议批准，自 1998 年起，每年 9 月的第三周在全国开展"推广普通话宣传周"活动。这些规定使普通话被推到了极高的地位，作为民族共同语，普通话是学校和其他事业单位的规范性语言。这是政治因素的介入。这种政治因素的作用是非常大的，可能导致语言的非正常发展。普通话之所以能发展得这么快，很大一个原因就是国家的支持。

虽然普通话发展很快，成为我国公共场合的主要交流语言，但广西双语（多语）社会的现实又使方言和少数民族语言在交流中占有一定的比例，这是由客观条件决定的。

（三）不同交际对象的语言使用情况比较分析

我们的调查问卷涉及的交际对象可以分为三大类：第一类是小学同学、初高中同学、大学同学以及教师；第二类是调查对象家乡市场、医院、政府的人；第三类是老乡。这三类有些可能会重叠，特别是第三类和前两类会有很多交叉，但这是出于不同角度考虑的，因此允许这种重叠交叉。

1. 交际的对象是不同阶段的同学

从调查得出的数据来看，随着学历的升高，对方言的使用越少。这和交际对象的来源地是紧密联系在一起的。小学往往是在当地就读，彼此的方言差不多，或者都能说当地的强势方言，因此可以不用普通话便能正常交流，同时，小学的时候大家往往不太注重自己的语言能力，因此很自然地采用自己熟悉的方言。初高中可能会到更远一点的地方——当地的县或市就读，这个地方接受的学生范围更加广，持的方言更加混杂，仅靠自己的方言或当地的强势方言不能很好地完成交流，这时候必须采用普通话。至于大学则更明显，学生的来源地各异，方言的功用被降到最低，普通话的交际功能被凸显。当然，除了这种客观的原因之外，通过口头询问，我们了解到其中还有心理方面的原因，很多调查对象希望在同学面前说一口纯正的普通话，认为这是一种能力和身份的代表，甚至想通过一口纯正的普通话来掩盖自己的家乡。因此，普通话成了大家的首推。

2. 交际对象是市场、医院、政府中的人

在这三种场合，相对来说，市场使用方言的比例相对较高，超过了10%，这和工作的人的受教育程度是相联系的，在市场工作的人，学历往往比较低，文化水平不高，所以使用普通话的能力也较差。但在医院、政府工作的人，相对来说文化水平都比较高，特别是在政府工作的人，作为国家的公务员，是普通话推广的重要对象，使用普通话既是他们的权利也是他们的义务。

3. 只涉及一种交际对象，即老乡

这一类和前两类会有交叉，但是单独列出来，是想研究调查对象的心理，即对普通话和方言的使用心理。从调查数据可以看出，虽然方言在老乡的交谈中可以拉近彼此的距离，但不少调查对象却出于各种原因采用普通话与老乡交谈，这个比例高达28.72%，而且男生使用的比例为17.23%，高于女生的比例（11.49%）。之所以出现这样的情况，很可能是表现的心理在起作用，他们可能认为普通话的水平越高就意味着自己的文化水平越高，或者他们就纯粹想表现自己的语言能力。当然，也有一部分人可能只是习惯使然，交谈的对象都是老乡，但彼此平时也都是使用普通话，因此，即使是和老乡交谈，他们也不去改变这种习惯。

（四）三代人语言使用情况对比分析及体现的语言变化

1. 从掌握的语种数来看

语言随着社会的发展而发展，人们掌握语言的情况也随着社会的变化而变化。从掌握的语种数来看，掌握一种语种的：祖辈比例最高，爷爷和奶奶都超过30%，父辈超过14%，高职院校学生男、女均低于5%。掌握两种语种的：依旧是祖辈最高，而且是这一辈中占比例最高的情况，差不多达到一半，父辈稍微低一点，高职院校学生居第三，但三者都比掌握一种的比例高。掌握三种语种的：祖辈不到20%，父辈34.97%，高职院校学生占35.14%。① 掌握四种语种的：祖辈仅占2.03%，父辈居第二，高职院校学生位居第一，比例达到18.24%，父辈和祖辈都低于5%。掌握五种语种的：高职院校学生所占比例为9.46%，而父辈和祖辈则比会四种的更少，祖辈甚至只占了1.01%。

2. 从性别来看

掌握一种语种的：祖辈中女性高于男性，父辈中男女相同，调查对象这一辈也是女性高于男性。掌握两种的：祖辈中女性低于男性，父辈中女性高于男性，调查对象这一辈则是女性低于男性。掌握三种的：祖辈和父辈都是男性高于女性，调查对象这一辈则是女性高于男性。掌握四种的：祖辈男女相同，父辈和调查对象这一辈都是男性高于女性。掌握五种的：祖辈男女相同，父辈和调查对象这一辈都是男性高于女性。

可见，三代人语言使用情况的变化是：晚辈掌握的语种多于长辈，男性掌握的语种数稍微多于女性。这是就整体情况而言，下面我们会就性别和年龄的影响做进一步详细的讨论。

二　南宁高职院校学生语言态度调查分析

（一）南宁高职院校学生语言态度调查

南宁高职院校学生的语言态度在一定层面上反映了90后对于语言使用

---

① 每一辈中男女比例不一样，这里取两者比例的平均数。下文不赘。

的态度和倾向。他们是社会的新兴力量,他们的语言态度对于我们今后的语言规划和语言教育起一定的参考作用。

在问卷中,主要对教学语言、影视语言、母语、方言和普通话的语言态度进行了调查,调查结果的准确性需要细加分析,联系现实,才能得出比较科学的结论。

(二) 对教学语言的态度

分为三个阶段的教学进行讨论,之所以分为这三个阶段,是与学生的来源地和文化水平相关联的。小学往往招收当地的学生,使用的方言比较单纯或者有一种强势方言大家都能掌握并用之进行交流。初高中招收的学生范围则更广一点,往往来自不同的县或者市,使用的方言较复杂,同时文化水平有一定的进步,掌握语言的能力也有所提高。而大学收纳的学生来自的地方则更广,虽然被调查的这三所高校主要是针对广西招生,但来源地较中小学更广,而且周围有多所高校与之共存,会对他们产生影响。学校外部的交际对象往往来自天南地北,突破了以前的小圈子,同时,他们的文化水平得到进一步提高,语言态度会发生很大的变化。分成三个阶段,可以反映他们对不同阶段教学语言的语言态度。

我们问卷对问题的设计是:

您认为小学(初高中、大学)教学最好用什么话?

A 普通话　　　　B 方言　　　　C 普通话和方言相结合

得出结果如表 6-5 所示。

表 6-5　教学最好采用的语种

阶段(对象)	采用的语种 普通话(人)	比例(%)	方言(人)	比例(%)	普通话和方言相结合(人)	比例(%)
小学	216	72.97	43	14.53	37	12.50
初高中	266	89.86	9	3.04	21	7.09
大学	266	89.86	9	3.04	21	7.09

1. 对小学教学语言的态度

从表 6-5 可以看到,超过一半的人(比例达到 72.97%)认为在小学的课堂上应该采用普通话教学，但还有 14.53% 的人认为应该采用方言教学，而 12.50% 的人则认为应该采用普通话和方言相结合的方式进行教学。

这些数据反映：普通话的推广取得了一定的成功，但离普及还有很艰巨的路要走，虽然超过一半的人认为要采用普通话教学，但这和预期的目标不相符，还有多于 20% 的人没有选择此项，说明人们对普通话的认同还有待进一步发展。

2. 对初高中教学语言的态度

对于初高中教学语言的问题，有 89.86% 的人选择了普通话，比小学的 72.97% 有所提高，而选择方言的占 3.04%，选择普通话和方言相结合的占 7.09%。后两者都比小学的低。这说明大家认为初高中更适合用普通话进行教学，这和文化水平的提高、小学打下的基础是相联系的，由于文化水平的提高，大家掌握语言的能力也有所提高，同时因为在小学很多学生都已经掌握普通话，因此，普通话在这一阶段得到的认同感增强。但依旧有 10% 左右的人选择非普通话教学，这说明普通话的地位还没有得到完全巩固，同时，也说明人们对方言还有一定的情感寄托，这种寄托对于方言的发展是有利的。

3. 对大学教学语言的态度

从表 6 - 5 可见，对大学教学语言的选择和初高中的三项都一致，这与高职院校学生绝大多数是广西生源有关。高职校园的语言环境与初高中的相差不大，所以出现这种一致现象。再加上他们中 97.30% 的人是双语或多语人，从小便用方言进行交流，对方言有特别的感情，因此到了大学，还是有不少人支持用方言进行教学。

4. 对小学、初高中和大学的教学语言态度的比较分析

对这三个阶段教学语言的态度的变化是比较明显的，对普通话的选择随着文化程度的提高而增加，但是方言仍以顽强的生命力存在。认为小学应该采用普通话教学的比例为 72.97%，低于初高中和大学的 89.86%，而采用方言及普通话和方言相结合的比例分别为 14.53%、12.50%，高于初高中和大学的 3.04%、7.09%。这些数据一方面说明普通话的运用随着文化水平的提高而加强，但另一方面也说明普通话的推广还有很长的一段路要走，方言在广西教学中还占据着一定的位置。这种情况与广西的语言现

状是相符的。

我们可以从图 6-1 更直观地看到对这三个阶段的教学语言的态度。

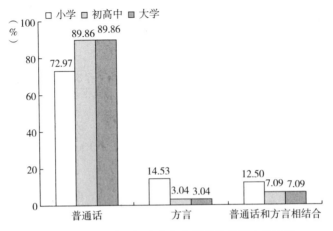

图 6-1 对小学、初高中和大学的教学语言的态度

普通话以压倒性的优势位居首位，三个阶段都是如此，只是小学的比例稍微低一点，因为后两项它占的比例比较高，也就是支持小学用非普通话教学的比例比较高。除了上面说的文化认同之外，还有客观的情况使被调查者做出了这样的选择，前面说得很清楚，在这里不赘述。

（三）对母语、普通话、方言的语言态度

母语和方言之间会有重叠，母语和普通话可能也会有重叠，但由于我们的调查对象主要来自广西，很多人的母语既不是汉语方言，也不是普通话，而是少数民族语言，所以这三者之间还是有区别的。

对这三者的调查我们设置了几道题，分别是：

1. 一般情况下，您会主动跟别人透露自己的母语吗？

A 会　　　　B 不会

2. 您觉得普通话（自己的母语）听起来怎么样？

A 很亲切　　B 比较亲切　　C 不亲切　　D 没什么特别感觉

3. 您觉得普通话（自己的母语）好听吗？

A 很好听　　B 比较好听　　C 不好听　　D 没什么特别感觉

4. 您觉得普通话（自己的母语）有用吗？

A 很有用　　　B 比较有用　　　C 不太有用　　　D 没有用

5. 您觉得方言（自己的母语）的社会影响力大吗？

A 很大　　　B 比较大　　　C 没有

表 6-6 至表 6-10 是对这几个问题答案的汇总。

表 6-6　是否会主动跟别人透露自己的母语

调查对象 ＼ 会否	会（人）	比例（%）	不会（人）	比例（%）
调查对象（男）	65	21.96	81	27.36
调查对象（女）	86	29.05	64	21.62
调查对象（总）	151	51.01	145	48.99

表 6-7　语言听起来亲切与否

语言 ＼ 感觉	很亲切（人）	比例（%）	比较亲切（人）	比例（%）	不亲切（人）	比例（%）	没什么特别感觉（人）	比例（%）
母语	194	65.54	90	30.41	3	1.01	9	3.04
普通话	169	57.09	90	30.41	10	3.38	27	9.12

表 6-8　语言听起来好听与否

语言 ＼ 感觉	很好听（人）	比例（%）	比较好听（人）	比例（%）	不好听（人）	比例（%）	没什么特别感觉（人）	比例（%）
母语	208	70.27	77	26.01	3	1.01	8	2.70
普通话	179	60.47	87	29.39	9	3.04	21	7.09

表 6-9　语言有用与否

语言 ＼ 感觉	很有用（人）	比例（%）	比较有用（人）	比例（%）	不太有用（人）	比例（%）	没有用（人）	比例（%）
母语	174	58.78	111	37.50	0	0	11	3.72
普通话	241	81.42	50	16.89	4	1.35	1	0.34

表 6 – 10　语言影响力的大小

语言 ＼ 影响力大小	很大（人）	比例（％）	比较大（人）	比例（％）	没有（人）	比例（％）
母语	116	39.19	142	47.97	38	12.84
方言	98	33.11	158	53.38	40	13.51

1. 对母语的态度

对母语态度的考察，我们设置了 23、28、29、30、31 这五道题。从表 6 – 6 至表 6 – 10 可以看到，51.01％的人会主动向别人透露自己的母语，其中男生为 21.96％，女生为 29.05％；有 48.99％的人不会，男生为 27.36％，女生为 21.62％。95.95％的人认为自己的母语听起来很亲切或比较亲切，只有 1.01％的人认为不亲切，3.04％认为没什么特别感觉。96.28％的人认为自己的母语听起来很好听或比较好听，1.01％的人认为不好听，2.70％的人认为没什么特别感觉。对于母语有用与否的问题，96.28％的人选择了很有用或比较有用，只有 3.72％选择了没有用。但在自己母语的影响力大小问题上，只有 87.16％的人选了很大和比较大，12.84％的人选了没有。

从这些数据来看，调查对象对于母语的态度是比较肯定的，认为其听感或价值都比较好或高。这有很强的主观性，何以见得？这可以从 23 题的数据中看出来，51.01％的人会主动向别人透露自己的母语，而有高达 48.99％的人不会，这说明大家对自己的母语还是有所保留的。之所以认为其好听或有用，是出于感情的寄托或者愿望。在口头询问中，我们了解到他们认为自己母语有用的表现之一是一些工作岗位的要求，如地方超市在招募导购员或收银员的时候，其中的一个要求是能掌握当地的几种方言（民族语言），这几种中有一种就是他们的母语。另外，一些地方官员在进行工作的时候，如果能用当地的方言，往往会收到事半功倍的效果。这些都促使他们认为自己的母语很有用。但 87.16％和 96.28％这两个数据之间的差距也说明他们对自己母语的影响力还是有所保留，虽然这种保留和事实比起来不算保留，而是夸大了，但至少证明他们对自己的母语还是有很强的感情寄托的。

2. 对方言的态度

对方言态度的考察我们只设了一个问题，即方言的社会影响力大小的问题，33.11%的人认为方言的影响力很大，53.38%的人认为比较大，13.51%的人认为没有影响力。可见大家对方言的评价不高，但已经算比较乐观了，因为和语言现实比起来，这些数据已经比较高了。事实上，方言的社会影响力主要在当地表现出来，对于整个社会和国家来说，方言的影响力并不是很大，特别是广西的语言，由于经济和文化都比较落后，没能让大家重视。

3. 对普通话的态度

对普通话态度的考察我们设了三道题，这三道题的答案统计是令人诧异的，因为只有87.50%的人认为普通话听起来很亲切或比较亲切，89.86%的人认为其听起来很好听或比较好听，两个数值都没有超过90%，虽然有98.31%的人认为普通话很有用或比较有用，但仍有1.35%的人认为普通话不太有用，0.34%的人认为没有用。前面在对语言态度进行概述的时候，我们就说到语言态度是从自己的角度出发来考虑的，虽然各种因素会影响他们的判断，但最终还是回归自身的情况去考虑，主观性很强。广西是一个双语（多语）社会，很多不外出的人，用方言就可以完成交际，普通话对于他们来说只是第二语言，作用并不是很大。因此，他们认为普通话的作用不是很大或者没用也是从自身或者周围人的现实情况考虑的，有一定的客观依据，可以反映普通话在广西的一些地方影响力还不是很大的事实。

4. 对母语、普通话、方言语言态度对比分析

对这三种语言的语言态度的比较，可以从三个方面进行。

（1）亲切与否

由于方言各异，每种方言听起来的感觉会有些差别，对于调查对象来说可能比较难回答，因此我们的调查只针对母语和普通话。与已有的一些调查研究不同，这里的数据呈现相反的现象，65.54%的人认为母语很亲切，而只有57.09%的人认为普通话很亲切；认为母语和普通话听起来比较亲切的比例相同，都是30.41%；但认为母语不亲切的只占1.01%，却有3.38%的人认为普通话不亲切；3.04%的人认为对母语的听感没有什么

特别的感觉，而有9.12%的人对普通话的听感没有什么特别的感觉。这些数据表明大家对母语的感情倾向很强，而对于普通话则有一定的距离感，这和广西人普通话能力不够强是相联系的。

（2）好听与否

和上面一项一样，我们的调查只针对母语和普通话。70.27%的人感觉母语听起来很好听，却只有60.47%的人感觉普通话听起来很好听；26.01%的人感觉母语听起来比较好听，29.39%的人感觉普通话比较好听；只有1.01%的人感觉母语听起来不好听，却有3.04%的人感觉普通话不好听；听起来不好听和听起来没什么特别感觉的加起来，普通话的比例达到10.13%，母语却只有3.71%。可见母语在人们的情感中占据很重要的地位。

（3）有用与否（影响力大小）

如果说前两项倾向于主观，这一项则更倾向于客观。58.78%的人认为母语很有用，却有81.42%的人认为普通话很有用；在比较有用这一项中，母语的比例是37.50%，普通话的比例是16.89%。在296个人当中，只有1个人选择了普通话没有用这项，比例为0.34%，但认为母语没有用的比例却为3.72%。与很亲切的57.09%和很好听的60.47%比起来，认为普通话很有用的却达到81.42%，和比较有用的16.89%加起来达到98.31%，这说明普通话的价值得到社会的一致认可，虽然在他们的评价中普通话的亲切感不是很强，好听程度不是很高，但他们都承认普通话的作用，这也是与事实相符的。

在影响力大小的问题上，认为母语影响力很大的占39.19%，认为方言影响力很大的只占33.11%，与影响力比较大这一项的比例加起来，这两者所占的比例分别达到87.16%和86.49%，而认为母语和方言没有影响力的比例为12.84%、13.51%。这些数据和普通话有用的比例比起来，有一定的差距，但不够客观，调查对象的主观性很强，与语言事实不太相符。只能用他们附加的情感因素来解释。另外，选择母语的比例比方言的高，说明大家对方言的价值评价没有自己的母语好，这是因为当他们把自己抽身出来，可以更加客观。

从表6-9和表6-10的数据还可以发现一个现象，即认为母语很有用的占58.78%，但认为母语影响力很大的却只占39.19%，说明大家对母语的认识还是基于自身情况的，认为母语很有用，是因为母语在自己的生活中扮演了一定有用的角色，但这种价值只是对自己而言的，可能对于别人或社会，却没有这种作用，因此社会影响力并不是很强。这两个数据也说明大家对自己母语的作用和影响力还是有一个比较清楚的认识的，之所以这些比例比较高，是因为他们附加了自己的情感因素，从一定程度上来说，甚至是一种愿望。这些都是语言规划应该考虑的因素。

（四）对影视语言的态度

由表6-11可知，三个选项的比例相当，不赞成的虽然比赞成的高一点，但相差不大，这说明方言在社会当中的影响力还是比较大的，想很快把方言从影视中剔除还有一段路要走。但是，应不应该把方言从影视中完全剔除呢？这是国家新闻出版主管部门和影视创作人员应该思考的问题。从数据来看，"赞成"和"在不影响观众的理解下可以用一点"这两项的比例加起来，达到64.86%，说明方言在观众当中的接受度还是比较高的。事实也证明，很多影片有一些方言特色反而会令观众更难忘，甚至取得巨大成功。如《武林外传》、《疯狂的石头》、《我的兄弟叫顺溜》和《乡村爱情》等，其中的方言因素就非常有特色，这些作品被很多观众叫好，收视率很高。

表6-11　是否赞成影视用方言

赞成与否	赞成	比例	不赞成	比例	在不影响观众的理解下可以用一点	比例
人数（比例）	100	33.78%	104	35.14%	92	31.08%

但国家新闻出版主管部门在2006年出台了相关政策要求广播影视不得擅用方言，2009年又重申要按规定进行严格把关，称即使剧中的领袖人物也要使用普通话。国家新闻出版主管部门这样规定是有道理的，在一些夹杂方言的影视作品获得巨大成功之后，大家竞相模仿，使用方言拍摄影视的数量有所增加，存在使用方言过滥、失度的现象，这种制作理念不符合国家大力推广普通话的一贯精神。特别是在当今社会，人们接触影视的条件越来越便利，影视是国家推广普通话的重要途径，所以一定要平衡好普通话和方言的关系。

三 性别对语言使用的影响

性别对高职院校学生语言使用的影响，我们在前面已经进行了简单的论述，这里主要从掌握的语种数、与老乡交谈采用的语种和是否会主动跟别人透露自己的母语三个方面来考察；而掌握的语种数又分为三代人分别掌握的情况来考察。

从表6-12、表6-13、表6-14来看，三个检验的 p 值分别为0.254、0.407和0.407，在显著性为0.05的水平下，因 p 值都大于显著性水平0.05，可得出，性别差异对掌握语种数不产生显著影响。我们前面说到，从表面上来看，男性掌握的语种数稍微比女性的多，但从这里的表中可知道多的这个数没有达到统计学意义。因此，我们还是认为性别差异对掌握语种数没有显著影响。

表6-12 性别对掌握语种数影响的单因素方差检验结果（被调查对象）

会的语种数

	平方和	df	均方	F 值	Sig.
组间	1.490	1	1.490	1.304	0.254
组内	336.020	294	1.143		
总数	337.510	295			

表6-13 性别对掌握语种数影响的单因素方差检验结果（父辈）

会的语种数

	平方和	df	均方	F 值	Sig.
组间	0.547	1	0.547	0.690	0.407
组内	468.203	590	0.794		
总数	468.750	591			

表6-14 性别对掌握语种数影响的单因素方差检验结果（祖辈）

会的语种数

	平方和	df	均方	F 值	Sig.
组间	0.547	1	0.547	0.690	0.407
组内	468.203	590	0.794		
总数	468.750	591			

由表 6 - 15 可知，F 检验值为 5.501，对应的 p 值为 0.020，在显著性为 0.05 的水平下，因 p 值小于显著性水平 0.05，可得出性别对与老乡交谈采用的语种有显著影响。具体影响如表 6 - 16、图 6 - 2 所示。

表 6 - 15 性别对与老乡交谈采用的语种影响的单因素方差检验结果

普通话（1）/家乡话（2）

	平方和	df	均方	F 值	Sig.
组间	1.113	1	1.113	5.501	0.020
组内	59.478	294	0.202		
总数	60.591	295			

表 6 - 16 性别对与老乡交谈采用的语种影响描述统计

普通话（1）/家乡话（2）

	样本数（人）	均值	标准差	标准误	均值的 95% 置信区间 下限	均值的 95% 置信区间 上限	最小值	最大值
1	146	1.65	0.478	0.040	1.57	1.73	1	2
2	150	1.77	0.420	0.034	1.71	1.84	1	2
总数	296	1.71	0.453	0.026	1.66	1.76	1	2

注：第一列的"1"、"2"代表"男"、"女"。

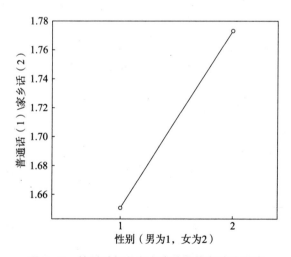

图 6 - 2 性别对与老乡交谈采用的语种的影响

从表 6 - 16 来看，性别对与老乡交谈采用的语种的平均影响力的观测值为 1.71，男性观测值为 1.65 低于平均值 1.71，女性观测值为 1.77 高于平均值 1.71。说明男性较女性来说在与老乡交谈时选择普通话的倾向性更强。

表 6 - 17 中，F 值为 4.908，p 值为 0.027，在显著性为 0.05 的水平下，因 p 值小于显著性水平 0.05，因此可得出，性别对是否会主动跟别人透露自己的母语产生显著影响。具体来看，这种影响如表 6 - 18、图 6 - 3 所示。

表 6 - 17　性别对是否会主动跟别人透露自己的母语影响的单因素方差检验结果

会（1）/不会（2）

	平方和	df	均方	F 值	Sig.
组间	1.215	1	1.215	4.908	0.027
组内	72.755	294	0.247		
总数	73.970	295			

表 6 - 18　性别对是否会主动跟别人透露自己的母语影响的描述统计

会（1）/不会（2）

	样本数（人）	均值	标准差	标准误	均值的 95% 置信区间		最小值	最大值
					下限	上限		
1	146	1.55	0.499	0.041	1.47	1.64	1	2
2	150	1.43	0.496	0.041	1.35	1.51	1	2
总数	296	1.49	0.501	0.029	1.43	1.55	1	2

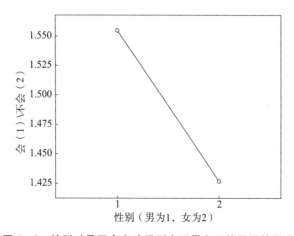

图 6 - 3　性别对是否会主动跟别人透露自己的母语的影响

　　从表 6-18 得知，性别对是否会主动跟别人透露自己的母语的平均影响力的观测值为 1.49，男性观测值为 1.55 高于平均值 1.49，女性观测值为 1.43 低于平均值。这个数据结果表明，男性和女性比较，男性更加倾向于不会主动透露自己的母语。这说明，男性在使用语言的时候更加理性，更加注重自己语言能力的展现。在当今普遍推广普通话的大背景下，能摆脱方言的影响，熟练掌握普通话也是一种能力，因此，男性选择主动透露自己母语的概率会比较低。而女性则显得更加感性，不太在意语言能力的展现。

　　为什么男性会更注重对语言的运用呢？麦科比和杰克林认为"男、女孩具有明显性别差异的一个主要方面是女孩较男孩的语言能力好"[①]，而熊丹在《因性施教探研》中提出"女生的观察力较男生更敏锐、细致和全面"。这样说来，女性的语言能力比男性强，但她们没有男性这么注意这方面能力的运用。探究其原因，主要有以下几个方面。

　　（1）历史原因

　　从中国的历史进程来看，母系社会过后，便慢慢向男权社会转变，男性凌驾于女性之上，家中的话语权理所当然落在了男性的肩上，女性是附属于男性的。这种男女不平等的社会，极大压制了女性的主动权，她们往往在家中相夫教子，很少出去和别人打交道。随着新社会的到来，女性的地位得到提高，但实际生活中，女性还是处于弱势地位，在外打拼的依旧更多的是男性，特别是在一些乡镇，"男主外，女主内"的现象还普遍存在。这是历史的遗留问题。这种历史原因造成男性掌握更多的主动权，语言学习也一样。

　　（2）心理原因

　　如果说历史原因是客观存在的，那么心理原因就是在其影响之下的主观存在。几千年的男权社会，已经在人们的心理上打上了深深的烙印，认为"男人就是天"，女人需要依靠这片天生活。女性觉得自己需要依赖男人，男人也认为自己应该给女性更坚实的肩膀。更严重的是，很多女性觉得自己比不上男性，连进取的信念都放弃了。这些心理在一定程度上导致了男权社会的产生、发展和持续，在这样的社会，男性的主导权发挥到极致，在语言的掌握上也不例外。

---

　　① 杨冬梅. 性别差异对高中生英语学习的影响［J］. 学理论，2010（35）.

（3）交际需要

不管是在男权社会还是在当今社会，男性都需要更多的交际。他们在外面工作、打拼，需要和各式各样的人交流，交流的时候就必须采用彼此都听得懂的语言，久而久之，就会掌握这些交际对象的语言，这是自然而然的事情，是现实需要所趋，这种需要是更直接导致男性更加注重语言使用的原因。

美国心理学家 W.E. 兰伯特长期以来致力于从社会心理学的角度研究双语现象和第二语言的学习过程。他将学习者学习第二种语言的动机分作两种类型：实用动机（仅仅出于功利的目的而学习）和归附动机（对另一语言文化集团产生了好感，希望成为其中一员）。兰伯特发现：如果出现了归附的倾向，它就会使人明显地保持一种强烈的学习另一种语言的动机。在这种情况下，语言学习能力大小是不重要的。

在交际的过程中，男性很容易产生这两种动机，当然，实用动机是主要的，这是交际使然。但如果他们要学习的语言在政治上、经济上和文化上都是先进的，很可能就产生归附动机，在这种情况下，学习这门语言的困难就会少很多，如兰伯特所言，"在这种情况下，语言学习能力大小是不重要的"①，一旦有了这种归附的动机，就不再觉得学习一门语言是痛苦的，而是积极愉悦的。总的说来，这两种动机都会帮助男性掌握更多的语种。

四　年龄对语言使用的影响

年龄对语言使用的影响不容忽视。但年龄不直接对语言使用产生影响，而是通过与年龄相联系的家庭地位、社会地位、经历、心理、生理和情感等起作用，这些因素的差异会影响语言使用的情况。如家庭地位和社会地位都比较高的人，会更加注重自己的语言表达，心理上也往往更有优越感，促使自己更规范地使用语言。而情感方面，老一辈的人对自己的方

---

① 〔美〕华莱士·兰伯特. 陈松岑，译. 双语现象的社会心理 [M] //祝畹瑾，编. 社会语言学译文集. 北京：北京大学出版社，1985：277.

言有更强的认同感和依附感，又由于年龄方面造成的生理特点，他们在接受新语言的时候没有年轻一辈得心应手。

从表6－19可知，F检测值为91.259，p值为0.000，在显著性为0.05水平下，则p值明显小于显著性水平0.05，可推出年龄对掌握语种数有显著影响。具体情况如表6－20、图6－4所示。

表6－19　年龄对掌握语种数影响的单因素方差检验结果

会的语种数

	平方和	df	均方	F 值	Sig.
组间	156.489	2	78.244	91.259	0.000
组内	758.791	885	0.857		
总数	915.279	887			

表6－20　年龄对掌握语种数影响的描述统计

会的语种数

	样本数（人）	均值	标准差	标准误	均值的95% 置信区间 下限	均值的95% 置信区间 上限	最小值	最大值
被调查对象	296	2.93	1.070	0.062	2.81	3.05	1	5
父辈	296	2.37	0.885	0.051	2.27	2.47	1	5
祖辈	296	1.90	0.803	0.047	1.81	1.99	1	5
总数	888	2.40	1.016	0.034	2.33	2.47	1	5

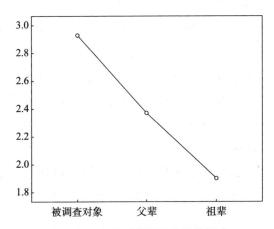

图6－4　年龄对掌握语种数的影响

具体的分析如下。

首先从掌握的语种数来看，据表6－1，掌握一种的祖辈、父辈和调查对象的比例分别为30.07%（34.46%）、14.53%（14.53%）和7.09%；掌握两种的相应比例为49.66%（48.31%）、41.22%（45.95%）和30.07%；掌握三种的相应比例为17.23%（14.19%）、36.82%（33.11%）和35.14%；掌握四种的相应比例为2.03%（2.03%）、4.05%（3.38%）和18.24%；掌握五种的相应比例为1.01%（1.01%）、3.38%（3.04%）和9.46%。[①]

这些比例给我们展现的语言使用情况是：掌握一种的，祖辈占的比例最高，其次是父辈，最后是调查对象这一辈，掌握两种的也如此，但掌握三种及以上的则刚好反过来，最高的是调查对象这一辈，其次是父辈，最后才是祖辈。特别是掌握四种和五种的，调查对象这一辈的累计百分比达到了27.7%，父辈却只占了大概6.93%，祖辈占了3.04%。而且，在祖辈和父辈中，掌握的语种数占比例最高的都是两种，但调查对象占比例最高的是三种。因此，我们可以说，这三代人当中，随着年龄的递减掌握的语种数越多。这并不是说年龄和掌握的语种数成反比，而是年龄背后相关的东西导致了这种状况，其中最明显的就是求学经历的影响。我们的调查对象都是在校的全日制学生，普通话和英语都是必须学习的，虽然很多人不能很好地掌握英语，是普通话却是必须掌握的。同时，在以往至今的求学过程中，会接触来自不同地方的同学和朋友，交际的需要、文化上的认同可能都会促使他们去学习新的语种。而父辈相对于祖辈来说，工作的性质或者外出工作的经历等都会促使他们学习更多的语种。另外，情感的因素也是其中一个原因，老一辈往往会更加坚定地捍卫自己的方言，而年轻一辈很多都没有这种情结，他们可以放宽心态去接受新的事物，如新的语言，为了满足交际和心理上的需要（好奇、认同等），他们不会考虑太多诸如保护自己方言的问题。

上面讨论的结果是年龄对于语言使用和发展有利的一面，但是在口头询问和随机交谈中，我们了解到，越来越多的父母在家庭中也是用普通话

---

① 括号中的数值是相应的女性占的比例，调查对象的比例男女加总的比例。

与自己的孩子交谈，他们希望自己的孩子在入校前就可以达到比较高的普通话水平，甚至不希望孩子掌握自己的方言。他们这么做，一方面是希望孩子将来可以更快更好地融入学校的学习生活，另一方面是因为觉得孩子的母语如果是普通话的话，就会显得文化水平比较高。这种想法是极不妥当的，语言没有优劣，并不会因为说某一种话，就能抬高自己的身价。同时，这种做法也是有利有弊的，但弊似乎比利更多。其实普通话作为现今社会的通用语，不需要花太多的工夫便能学会，这是交际的需要，是自然而然的事情。况且，普通话入校再学习也不算太晚。但父母的方言却是难得的语言财富，如果孩子不把其作为母语学习，那将来要想再学习就得付出更多的努力，甚至可能永远都不会去学习，不会听也不会说，或者是只会听不会说，那这种方言的传承在这个家庭可能就会中断。

第七章

对广西语言文字使用及语言态度
状况的思考与建议

    我国是多民族国家，民族分布范围非常广，各族之间形成大杂居、小聚居的局面，内部情况复杂，少数民族政策制定稍有不慎就会影响祖国的和谐统一。历年来，国家十分重视民族政策的制定，特别是民族语言政策的制定。广西是全国少数民族人口最多的自治区，内有壮、汉、瑶、苗、侗、仫佬、毛南、回、京、彝、水、仡佬等 12 个世居民族。广西的语言格局相当复杂。广西 12 个民族中，除了回族已经全部使用汉语以外，其他民族都有本民族的语言。从使用情况来看，使用情况很复杂，有几个民族共同使用一种语言（语种）的情况，也存在一个民族根据不同的情况使用几种语言的情况，甚至有些地方语言成分过于复杂尚未能确定其种系归属。①在这样一个复杂的语言格局下，贯彻好国家的语文政策，做好汉语和少数民族语言的规划工作，适应时代的发展，做出更高水平的语言规划，对广西的经济、文化、教育、科技等发展具有重要意义。在以上对广西国家通用语言文字使用情况及语言态度整体分析和把握的基础上，笔者对广西语言文字使用及语言态度状况提出以下几点思考与建议。

---

① 刘村汉. 丰富多彩的语言宝藏——广西语言综述［C］. 广西语言文字应用问题调查与研究. 南宁：广西教育出版社，2005：4.

一　正确认识英汉关系，提高汉语在国际上的影响力

当今世界，英语学习是个热门话题，由于本国经济发展需要，世界很多国家都将英语纳入本国的教育体系，中国也不例外。语言经济学认为，作为世界经济发展后形成的社会主导外语，英语能够在我国当今热起来，是由选择学习英语的成本和收益的关系决定的。[①]　在中国，英语教育已转由"从娃娃抓起"了。本书对"除了汉语，你还认识其他的语言吗？"这个问题回答的统计显示，中小学生选择最多的是"外语（如英语）"，在整理资料的过程中，有些方言区还对"你认为今后国际国内哪种语言比较有影响力"这个问题进行调查，结果显示中小学生选择英语的比例高于汉语，这或许也是"普通话社会地位"在三个指标（情感倾向、交际价值、社会地位）中评价最低的原因，普通话虽然在三个方面的平均分都超过了4分，但由于英语学习热的现象，所以普通话的社会地位受到影响。对于"学英语从娃娃抓起"这句话，很多人都存在错误的理解，这实际上是特指英语专门人才的培养，跟艺术专门人才一样，需要从小培养，但这只是针对少部分儿童，大部分情况下，基础教育阶段语言学习的重心还是应该放在母语上。另外，我们不能忽视的一个问题是"英语热背后国家的语言安全问题"，警惕西方一些别有用心的国家利用语言对中国进行经济文化渗透，传播西方的资本主义意识形态。如2005年，美国发布的《全国语言大会白皮书》明确指出："我们的构想是，通过外语能力和对世界文化的了解，使美国成为更强大的全球领导者。"这句话点明了美国国家语言战略的真正目的。因此，我们应该加强汉语的国际输出能力和传播能力，提高汉语在国际上的地位和影响力。

---

① 　任荣. 从语言经济学的角度看"英语热"和"汉语危机"之争 ［J］. 成都大学学报（教育科学版），2007，21（2）.

二 坚持普通话和规范汉字的通用语言文字地位，继续在全区推广普通话和规范汉字

通用的语言和文字对维系国家统一、民族团结具有重要意义，没有通用语言文字必然会损害国家和民族的凝聚力。我国自古以来都注重对统一语言文字的推行，如雅言、通语、官话等，历史证明这对增强中华民族的凝聚力起到很大的作用。当今社会交流日益频繁，语言文字的统一更显得尤为重要。为了加强广西各民族、地区间及与外界的交流，必须大力推广普通话、推行规范汉字。广西一直以来也坚定地执行国家的语言政策，以上对广西国家通用语言文字使用情况及语言态度的数据分析显示，普通话和汉字在广西已经深入民心，各大方言区、少数民族聚居地等使用普通话的人数比例不低，对汉字的价值、地位等评价很高。

总的来说，推广普通话和规范汉字的成绩斐然，但是，鉴于广西方言聚集、少数民族杂居的状况，在学习普通话的过程中，还是存在很多问题和困难。最大的问题是受方言口音或少数民族口音影响，在学习普通话的时候口音很难改正；其次是未形成说普通话的氛围，说的机会很少；再次，有相当一部分人根本不了解自己学习普通话的问题在哪里，更无法对症下药；另外，在"普通话学习的途径"中，主要的途径是"学校教育"，其他途径不多。为此，应加强对各类人群学习普通话过程中存在的发音特点及困难进行总结、研究，在推普过程中针对特定人群特点采取行之有效的方法，提高推普的效率。同时，鉴于学校是推广普通话的前沿阵地，学生普通话水平高低与教师普通话水平有很大关系，因此，应加强对教师特别是中小学教师普通话水平的培训与考察，形成"推广普通话从小抓起"的局面。同时，政府应该起到带头作用，采取各种宣传方式，运用各种宣传手段，广泛动员社会各界，在全社会形成一个浓郁的"讲普通话"的氛围。

三　处理好广西众多方言与普通话的关系

提倡推广普通话和规范汉字，并不等于要消灭方言。语言是世界各民族千百年来为适应特定环境而创造的珍贵的文明成果，每一种语言都包含重要的文化价值，多语言共存是人类社会发展多样性与平衡性的一种表现。在中国，经过历史的发展和选择，普通话除了成为汉民族的共同语，也是国家法定的官方语言，又是在全国范围内不同民族人民之间交流的通用语言，在不同身份、不同阶层人之间起着重要的沟通桥梁作用；而汉语方言是普通话的地域变体，多用于家庭、私交、小社区等非正式的生活场合，为一定地域的居民服务，是地域文化的载体，记录、保存、传播地域优秀文化，是普通话来源的重要渠道，两者各自在不同的领域发挥着重要的作用。经过多年推广普及，学习普通话和规范汉字已经成为全社会的共识，但推广普及普通话并不等于要消灭方言，而是为了克服全国范围内交流时存在的语言障碍，使方言区的人在家庭、小社区使用自己方言达到交流目的的同时，也能通过掌握普通话达到在更大范围内与更多不同人群交流的目的，以利于社会公共交际。

我国方言情况复杂，广西更是方言聚集区，汉语方言有粤语、西南官话、客家话、平话等，各地方言复杂，推广普通话可以更方便不同地区持不同语言人们之间的交流与互通。同时，方言也是维系家庭情感的重要纽带，文中通过对家庭中祖孙三代方言使用情况的分析可知，在广西，家庭还是方言的主要阵地，但不可否认的是，普通话也渐渐向家庭中的方言挤压，普通话的使用越来越年轻化，特别是很多父母出于普通话的实用性，从小就教孩子说普通话，不让孩子说当地方言，不利于方言的良性延续，长此以往方言将进入濒危状态。如何使那些具有丰富历史文化意蕴的方言保有一席之地，也是推普工作中需要考虑的问题。在今后的工作中推普工作要继续，这是大方向上的要求，同时也要充分认识到方言的作用和重要性，运用多种方式传播广西各地的历史、文化以及方言源流，让社会各界及中小学生了解，将能增加对母语的亲近与尊崇，提高自信心。这样可以在学习普通话的同时，也能认同母语，使普通话和方言和谐发展，形成和谐的语言环境。

四 处理好广西少数民族语言文字与推广普通话工作的关系，扶持少数民族语言文字的发展

同样地，在少数民族自治区推广普通话，不意味着要消灭各民族的民族特征，更不意味着要消灭少数民族语言，而是在保证各民族多样性的基础上提升国家的统一性，也帮助少数民族地区人民更好地融入祖国大发展的环境。与此相应的语言政策应当是，保留和丰富语言多样性，维护和提升国家通用语言的主体地位。

在少数民族聚居地进行普通话推广及推行规范汉字，与在汉语方言区推广普通话、推行规范汉字有共通之处，都是为了在保持地方特色的基础上增强国家的凝聚力和统一性，但在少数民族聚居地推广普通话和规范汉字，可能遇到更多的特殊情况，历史上汉语一直作为强势语言对少数民族语言产生深远影响，但在少数民族人民心里还是对自己的母语怀有深厚的情感。少数民族人民在学习普通话过程中可能遇到更多的问题，比如，在情感上可能更倾向于接受自己的母语，在发音上较汉语方言区的人而言更难改变其少数民族口音，更容易自信心不足，等等。因此要深入了解不同少数民族人民学习普通话的特点和存在的显性错误，使推普工作能在少数民族地区卓有成效地进行。

同时，要注意保护和发展广西少数民族的语言文字。广西是多民族聚居地区，是少数民族人口最多的省份，少数民族语言种类繁多，根据 1999 年的统计有 13 种民族语言，而每种少数民族语言又有自己的方言，少数民族语言情况非常复杂。至 2012 年广西总人口为 4166 万，其中少数民族人口 1988 万，因此，在广西这样一个民族成分复杂的地区，贯彻好国家的民族语文政策，做好整个广西的语文规划，对于增强民族团结、促进民族进步等方面具有重要的意义。

另外，要保护和发展广西少数民族语言文字，应该从典型抓起。壮族

是中国人口最多的少数民族，也是广西人数最多、最具有代表性的少数民族。1990 年广西人口总数为 4242 万，其中少数民族人口有 1650 万，壮族人口有 1415.4 万[①]，占广西总人口的 33.4%，占全国壮族人口的 91.38%（全国壮族人口 1548.9 万）。2004 年末，全自治区人口总数达 4889 万，少数民族总人口为 1868 万，其中壮族人口为 1601 万，占全区少数民族总人口的 85.7%，占全国壮族人口近 90%。[②] 壮族是广西的土著少数民族，壮语、古壮字等都承载着本民族丰富的历史和文化，因此，保护和发展壮语言文字，是广西少数民族语言文字工作的重点，符合广西少数民族实际情况。由前几章的分析可知，普通话和汉字已经在壮族地区深入民心，壮族人民积极主动地学习普通话，汉字已经成为壮族地区使用的"第一文字"，甚至把汉字看成壮族人自己的文字。语言文字的统一极大地方便和促进了广西各民族，尤其是壮汉民族之间的交流，对广西壮族地区经济的快速发展起到了极为重要的作用。但是，不能忽视民族语言文字工作。第一，壮语是维系壮族人民之间关系的天然纽带，也丰富了我国的语言资源，政府要加大对壮语的支持力度，增加壮文学校和壮语节目的数量，提高壮语的社会地位；壮族人民在学习普通话的同时不应该忘记本民族语言，将壮语更好地传承、发扬光大。第二，古壮字曾经在保存壮族传统文化方面起到非常重要的作用。由于长期未取得正式官方文字地位，古壮字日渐衰落，原生态的古壮字文献、手抄本遗失严重，能流畅地阅读古壮字文献的人也在急剧减少，因此必须加快古壮字文献的收集、整理和保存工作，为壮族人民保存下这一珍贵的历史文化遗产。第三，新壮文是国家承认并为壮族人民创制的壮族通用语言，从此壮族人民结束了没有文字的历史。从对新壮文使用情况的分析中也了解到，新壮文的支持率要高于古壮字，这固然与国家、自治区的语言政策分不开，但执行力度不够，政策很容易流于形式，甚至变成一纸空文。目前新壮文的普及率很低，仅在一些壮文学校推行，很多壮族人会讲壮话但不认识新壮文或看不懂新壮文，这对于新壮文的推广以及传承壮族的文化都极为不利。

---

①　广西统计年鉴．http://www.gxtj.gov.cn/tjsj/tjnj/2013/indexch.htm.

②　广西壮族自治区人民政府网站．http://www.gxzf.gov.cn/zjgx/gxzz/sh/201105/t20110524_323786.htm.

广西其他少数民族如瑶族等，也创制了自己本民族的文字，在今后的语言文字工作中，除了继续推广普通话、推行规范汉字，也应该由点到面，注重推进这些少数民族语言文字的生存和发展，以实现广西少数民族语言文字工作的统一性和多样性，促进汉语和民族语言和谐发展。

五　加强边境语言监测，确保广西边境语言安全

语言安全已成为学界以及国家相关部门所关注的重要问题，在此问题上有诸多论述。随着全球经济一体化进程的推进，各国间的交往日益密切，国家安全由倾向于战争等传统军事安全，逐渐演变为侧重于非传统安全，如网络安全、经济安全、语言安全、文化安全等，非传统安全问题的重要性日益凸显。我们在关注国家安全问题时已经不能简单地了解军事安全，而应扩大视野，更多地关注网络安全、经济安全、语言安全、文化安全等。当前国际社会的竞争已不是简单的军事力量的竞争，而是渗透了经济、文化等各个领域，这种渗透主要通过语言侵入完成。例如，英语作为美国文化的载体，正在通过各种媒介迅速占领、渗透世界各地（包括大语种国家），使其他语言受到威胁，这种文化同质化造成的群体成员放弃自己本族语的现象在经济全球化趋势下的当今世界非常普遍。①

在这个大环境下，作为国家安全之一的语言安全问题，显得尤为重要。所谓语言安全，笔者以为是指语言文字及其使用能够满足国家、社会稳定、发展的需要，不出现影响国家、社会安全的语言问题。② 德国前总理赫尔穆特·施密特说过："如果本国的语言日趋消失，或者在几代之后遭到彻底侵蚀，那么本国文化中的一大部分内容也会消失，本国特性的一些组成部分也会变没。"③ 语言既是一切文化和文明的载体，也是全部文

---

① 胡艳霞.论濒危语言——满语［J］.大连民族学院学报，2006（4）：54.
② 陈章太.语言资源与语言问题［J］.云南师范大学学报（哲学社会科学版），2009（7）：1-7.
③ 赫尔穆特·施密特.全球化与道德重建［M］.柴方国，译.北京：社会科学文献出版社，2001：61.

化和文明中最基本、最稳定、最持久的构成部分，是一个国家和民族存亡最重要、最深刻的标志。它的衰微和枯竭，意味着一个国家和民族生命力的衰退。它被粗暴对待，被扭曲变形，就是对一个民族心灵的直接伤害。①

　　语言独特的基础性功能，是维护国家统一的基础，但如果处理不好，也会严重影响国家安全。

　　语言安全内容相当丰富，涉及面非常广，具体包括语言文字本身状况和语言文字使用与国家社会安全的关系。就语言文字及其使用的状况来说，语言种类、数量、地位、功能、活力、声望、规范化等，还有语言权利保障，民族语言关系协调，通用语言、官方语言作用、推广与维护，母语保持、发展与教学，弱势语言、方言保护，跨境语言对待，双语多语使用与教学，外语设置与教学，外语人才培养与储备，语言信息处理与信息安全，网络语言使用与引导，语言文字使用与社会管理，全民族语文素质提高与社会发展，语言国际传播、交流与国际影响，等等，都与国家、社会的安全稳定发展有密切的关系。②

　　总的来说，跨境语言安全问题主要包括下面几个问题。第一，语言渗透。利用广播、电视、互联网等进行语言侵入，把语言当作触角从而侵入文化、经济等其他领域。第二，话语主导权的争夺。一些经济大国企图抢夺国际事务中的话语主导权，对国际社会中的事件赋予有利于本国利益的话语含义，以在国际事务处理中处于主导地位。第三，边境地区分布着众多的少数民族，语言文字使用情况复杂。从语言文字本体角度来看，部分民族语言文字、方言濒临消失。一方面，要保护民族语言文字、方言的纯洁性和适度发展，使之免受强势语言的侵入；另一方面，也要防止其因为使用人数减少、使用范围减小而逐渐消失，保证其流传性。

　　中越边境民族众多，许多民族被国界线一分为二。中越两国跨国境而居的民族，按中国已确定的民族成分来计算，有 12 个：壮、傣、布依、

　　①　潘一禾．文化安全［M］．杭州：浙江大学出版社，2007：121．
　　②　陈章太．语言资源与语言问题［J］．云南师范大学学报（哲学社会科学版），2009（7）：1－7．

苗、瑶、汉、彝、哈尼、拉祜、仡佬、京、回。① 中（广西部分）越两国的跨境民族可分为两类。第一类是从中国迁到越南的民族，在跨境民族中占绝大多数。在中国的叫壮族，在越南的叫侬族，如从下雷州（今广西大新县下雷乡）迁入越南的叫雷侬，从广西龙州迁入越南的叫昭（州）侬，从归顺州（今广西靖西市）迁入的叫归顺侬。② 第二类是从越南迁到中国的民族，与第一类相比，民族数和人数都较少，主要是分布在防城港市山心、巫头、沥尾、江平等地的京族，与越南仅隔数公里。京族主要从事海洋捕鱼业。沥尾村乡约记载："先祖父洪顺三年（1511）从涂山漂流到此，立居乡邑。"

中越边境复杂的民族情况，数量众多的方言、"土话"，丛林密野的地理环境，使这一区域的语言安全问题更加难以把握。具体包括以下几点。

第一，对于作为本土语言的壮语、瑶语、京语、白话等民族语言、汉语方言，一方面，商品经济发展、普通话的大力推行，使其自身体系的纯净性和完整性受到影响；另一方面，由于自身语言体系，特别是词汇体系并不十分完善，也需要根据现实社会的变化促进其不断发展。这些语言从古沿用至今，词汇多集中在日常生活领域，很少涉及时事、政治、科学、艺术等领域，每每谈及这些话题，就只能按照其他语言原样出现在民族语言和方言中，这就出现了夹杂普通话、英语等其他语言的情况。这使得民族语言、方言变成了一种混杂的语言，从而影响这些语言的安全性，在这时，就要对其加以引导，促进其健康发展。

第二，普通话地位须加以巩固。国家在保护民族语言和方言发展的同时，也大力推广全国通用的普通话。中越边境语言使用情况复杂，不同县、不同村屯，语言使用情况不同。如前所述，在被调查的 7 个地区里，会说普通话的比例高达 89.3%，但如图 7-1 所示，在日常生活中倾向于使用普通话的比例则较低，有些地区普通话的使用比例达到百分之二三十，如靖西达 37.6%，东兴达 28.6%；但也有些地区普通话使用比例仅为百分之几，那坡仅为 6.3%。这就要求我们进一步推广普通话，形成使用

---

① 范宏贵. 中越两国的跨境民族概述 [J]. 民族研究，1999 (6)：14-20.
② 范宏贵. 中越两国的跨境民族概述 [J]. 民族研究，1999 (6)：14-20.

普通话的氛围，巩固普通话的地位。

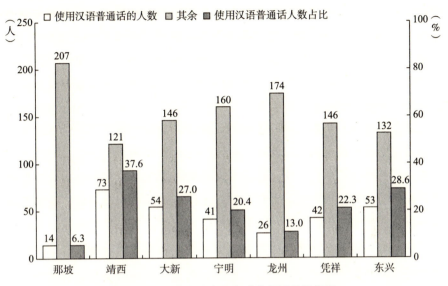

图7-1　中越边境广西各地普通话使用情况

第三，跨国境而居的民族，语言、文化、生活习惯相似，文化认同感比较强，对民族、亲缘的感情甚至高于对国家的感情，这使这一地区成为境外语言文化渗透的重点。据我们这次调查了解，在广西边境一线的很多地区都能接收到境外广播、电视，有些广播电视信号甚至比国内的清晰。边境地区由于地理位置、民族构成等独特因素，往往成为其他国家语言文化渗透的前沿阵地，如果不加以重视，甚至会威胁我国的国家安全。

第四，汉语热，汉语学习者增多，在一定程度上也为他国研究我国政治、经济、文化创造了条件。2005年，美国发布的《全国语言大会白皮书》明确指出："我们的构想是，通过外语能力和对世界文化的了解，使美国成为更强大的全球领导者。"这句话点明了美国国家语言战略的真正目的。更应警惕的是，外国希望利用语言对别的地区进行经济文化渗透，传播意识形态。这应该引起我们的足够重视。

在现实社会中，语言安全问题具有隐蔽性特点，不容易引起人们注意，更为严重的是，这种特点呈扩展和延伸的趋势。我们应从多个角度采取对策，提升本国语言的地位，防范抵御西方的恶意渗透、侵蚀，积极应对国内外的各种挑战和潜在威胁。

第一，加强爱国主义教育，增强国家自豪感和民族自豪感。中越边境特殊的地理位置——处在与外国接触的前沿地带——需要我们加强爱国主义意识的培养。特别要加强学校的爱国主义教育，培养学生的爱国意识、民族意识，从小树立国家利益至上的意识。充分发挥广播、电视、报纸等大众传媒的优势，加强宣传社会主义核心价值观，在全社会形成爱国、爱党、爱民族的氛围。

第二，增强对本国语言的忧患意识和保护意识。在与邻国接触频繁的中越边境更要形成本国语言的良好氛围，树立良好的语言形象。在公共办公场合，特别是广播、电视、报纸等大众媒体等应采取普通话为主、多种语言并存的语言使用方式，提升人们对这些语言的认识和评价。学校应提高本国语言教学地位，扭转片面强调英语的情况，引导学生加强对本国语言的自豪感、忧患意识和保护意识，把尊重、热爱、保护本国语言当作一种责任来自觉承担。

第三，进一步推广普通话，促进民族语言、方言的发展。自 1956 年中央成立推广普通话工作委员会，国务院发出《关于推广普通话的指示》，1982 年《中华人民共和国宪法》规定"国家推广全国通用的普通话"以来，国家高度重视普通话的推广。在中越边境多民族多语言的特殊地区，我们要把推广普通话和促进民族语言、方言的发展结合起来，促进二者的和谐统一。

第四，通过技术手段，严防他国通信、广播、电视等语言渗透、侵蚀。加强中越边境地区通信、广播、电视信号的强度，防止他国利用各种手段以语言开道，渗透经济文化等其他领域。

第五，加强中国文化对外交流，扩大对外影响。鼓励边民用本国语言与越南边民交流，继续加强孔子学院等对外汉语教学，以提升这些语言在边境交流中的地位和影响力。继续增加普通话在东盟博览会等大型国际组织、会议中的使用频率，促使其成为工作语言，努力营造使用普通话的良好氛围。

第六，进一步加强财政支持，提高沿边居民的生活水平。政府应做好沿边地区居民的生活保障工作，为沿边居民提供良好的生活条件，提高边民的物质、文化生活质量，使沿边居民能够稳定地生活在边疆，为守卫边疆做出自己的贡献。

近年来，我国跃居世界第二大经济体，国际影响力与日俱增，加快国家文化软实力建设的呼声也越来越强。广西处在我国大陆东、中、西三个地带的交会点，作为中国的边疆地区，有 8 个县（市）与越南接壤，现有边境口岸 12 个，中国 - 东盟自由贸易区的建立使广西成为我国西南、华南、中南以及东盟几大市场的枢纽，在东盟和泛珠三角经济圈两个大市场中发挥接合部的重要战略作用。就语言而言，如何在与东盟国家特别是边境国家——越南的对外交流中确保国家边境语言安全，也是广西语言规划中必须考虑的问题。目前主要是通过孔子学院进行对外汉语输出，事实证明孔子学院在其过程中发挥了重要的作用，汉语在东盟国家也具有较高的知名度，但在孔子学院之外，在广西境内的国人教育中，必须重视汉语文化教育，特别是在外语（特别是东盟小语种）教育中注重母语文化的注入，加强对中国文化的教育，让全民成为孔子学院之外的文化传播的重要力量。总之，在广西语言教育中，要加强爱国主义教育，增强国家自豪感和民族自豪感，增强广西人民特别是边境人民对本国语言的忧患意识和保护意识。通过增强技术防范，隔绝他国通过通信、广播、电视等对广西语言造成污染，进而影响国内其他领域。

第八章

结　论

　　广西是边疆少数民族地区，方言与少数民族语言种类多，大多数人为双语人或多语人，语言情况复杂，因此，要制定符合广西边疆少数民族实际情况的语言政策和语言规划，更好地推广普通话，推行规范汉字，就不能不深入了解方言区、少数民族人民语言使用和语言态度问题，了解他们的语言使用情况及对普通话、对自己母语的态度。而要具体了解这些方面，就必须依靠科学的调查和分析。本书对平话、西南官话、客家话等五大方言区及壮族聚居地语言使用和语言态度调查数据进行了整理，采用统计学方法，重点分析了方言区国家通用语言文字使用情况和对国家通用语言文字的态度、评价，同时兼顾壮族人三种文字使用及评价的概况，结合广西边境实际情况，从国家、民族、地区等角度对广西语言文字规划提出几点建议。这些数据和分析对我们更详细地了解整个广西的语言使用及语言态度具有重要的参考意义。制定广西语言政策和语言规划，本身是个复杂的过程，通过了解语言使用情况和语言态度来讨论只是其中一个维度，还必须考虑到广西经济、政治等其他因素，这些有待于进一步探索和充实。由于项目组学识与理论水平、分析能力有限，本书的分析与探讨有待深入，这也是我们今后仍将继续努力的方向。

附录一

广西中小学生语言使用状况调查问卷

问卷编号：（　　　）

感谢您参与此次调查，问卷的答案无所谓对与错，只要真实地反映您的情况和想法，那就是最好的答案，谢谢您的合作！

姓名：＿＿＿＿＿＿＿　　班级：＿＿＿＿＿＿＿＿

学校：＿＿＿＿＿＿＿　　日期：＿＿＿＿＿＿＿＿

甲：个人背景

1. 性别：□男　□女

2. 年龄：＿＿＿＿＿＿岁

3. 你在北海出生吗？　□是　□不是　在＿＿＿＿＿市/＿＿＿＿＿县出生

4. 你是不是在北海长大的？　□是　□不是

5. 你在北海住了多少年？＿＿＿＿＿＿年

6. 曾经就读学校：＿＿＿＿＿＿

7. 你上学前（即四五岁以前）在家说哪种话？（可多选）

　□普通话　□壮话　□平话　□白话　□客家话　□桂柳话

　□福建话　其他 1.＿＿＿＿＿　2.＿＿＿＿＿　3.＿＿＿＿＿

8. 你现在还会说其他的话吗？　□会，请列出＿＿＿＿＿　□不会

9. 你和谁一起住？（可多选）　□爸爸　□妈妈　□爷爷奶奶　□外公外婆

　哥哥＿＿＿个　姐姐＿＿＿个　弟弟＿＿＿个　妹妹＿＿＿个

其他和你一起住的亲戚有谁：_____

10. 你的邻居讲白话吗？ □是 □不是，他们讲什么话？_____

11. 你的邻居在家讲什么话？1. _____ 2. _____ 3. _____

乙：家庭背景

关于爸爸

12. 他几岁？_____岁

13. 他做什么工作？_____

14. 他是那个民族的？_____族

15. 家乡是_____省_____市（县）

16. 你爸爸会说哪些话？ □普通话 □壮话 □平话 □白话
   □客家话 □桂柳话 □福建话 其他1. _____ 2. _____
   3. _____

17. 受教育程度 □没上学 □小学 □中学（包括初中和高中）
   □大学或以上

关于妈妈

18. 她几岁？_____岁

19. 她做什么工作？_____

20. 她是那个民族的？_____族

21. 家乡是_____省_____市（县）

22. 你妈妈会说哪些话？ □普通话 □壮话 □平话 □白话
   □客家话 □桂柳话 □福建话 其他1. _____ 2. _____
   3. _____

23. 受教育程度 □没上学 □小学 □中学（包括初中和高中）
   □大学或以上

丙：语言使用状况（请在相应每一道题7个选项中圈出你的选择，未注明多选的为单选）

家庭里

24. 吃晚饭的时候，你和家人讲什么话？
   □普通话 □壮话 □白话 □平话
   □客家话 □桂柳话 □其他_____

25. 你跟爸爸讲什么话？
    □普通话　　　　□壮话　　　　□白话　　　　□平话
    □客家话　　　　□桂柳话　　　□其他 ＿＿＿＿＿

26. 你跟妈妈讲什么话？
    □普通话　　　　□壮话　　　　□白话　　　　□平话
    □客家话　　　　□桂柳话　　　□其他 ＿＿＿＿＿

26a. 爸爸跟妈妈讲什么话？
    □普通话　　　　□壮话　　　　□白话　　　　□平话
    □客家话　　　　□桂柳话　　　□其他 ＿＿＿＿＿

27. 你跟兄弟姐妹讲什么话？
    □普通话　　　　□壮话　　　　□白话　　　　□平话
    □客家话　　　　□桂柳话　　　□其他 ＿＿＿＿＿

28. 你跟爷爷或奶奶讲什么话？
    □普通话　　　　□壮话　　　　□白话　　　　□平话
    □客家话　　　　□桂柳话　　　□其他 ＿＿＿＿＿

28a. 爸爸跟爷爷或奶奶讲什么话？
    □普通话　　　　□壮话　　　　□白话　　　　□平话
    □客家话　　　　□桂柳话　　　□其他 ＿＿＿＿＿

28b. 妈妈跟外公或外婆讲什么话？
    □普通话　　　　□壮话　　　　□白话　　　　□平话
    □客家话　　　　□桂柳话　　　□其他 ＿＿＿＿＿

28c. 爷爷跟奶奶讲什么话？
    □普通话　　　　□壮话　　　　□白话　　　　□平话
    □客家话　　　　□桂柳话　　　□其他 ＿＿＿＿＿

28d. 外公跟外婆讲什么话？
    □普通话　　　　□壮话　　　　□白话　　　　□平话
    □客家话　　　　□桂柳话　　　□其他 ＿＿＿＿＿

28e. 你跟外公或外婆讲什么话？
    □普通话　　　　□壮话　　　　□白话　　　　□平话
    □客家话　　　　□桂柳话　　　□其他 ＿＿＿＿＿

29. 你跟舅舅/阿姨/伯伯/叔叔讲什么话？

  □普通话 □壮话 □白话 □平话

  □客家话 □桂柳话 □其他 _____

29a. 舅舅、阿姨跟外公或外婆讲什么话？

  □普通话 □壮话 □白话 □平话

  □客家话 □桂柳话 □其他 _____

29b. 叔叔/伯伯/姑母跟爷爷或奶奶讲什么话？

  □普通话 □壮话 □白话 □平话

  □客家话 □桂柳话 □其他 _____

29c. 舅舅/阿姨跟妈妈讲什么话？

  □普通话 □壮话 □白话 □平话

  □客家话 □桂柳话 □其他 _____

29d. 伯伯/叔叔/姑母跟爸爸讲什么话？

  □普通话 □壮话 □白话 □平话

  □客家话 □桂柳话 □其他 _____

29e. 妈妈跟爷爷或奶奶讲什么话？

  □普通话 □壮话 □白话 □平话

  □客家话 □桂柳话 □其他 _____

30. 你跟表/堂兄弟姐妹讲什么话？

  □普通话 □壮话 □白话 □平话

  □客家话 □桂柳话 □其他 _____

31. 你常用下面的语言吗？

（1）普通话：

  A. 最常用 B. 常用 C. 一般 D. 少用

  E. 很少用 F. 不用

（2）平话：

  A. 最常用 B. 常用 C. 一般 D. 少用

  E. 很少用 F. 不用

（3）壮话：

  A. 最常用 B. 常用 C. 一般 D. 少用

　　　　E. 很少用　　　　F. 不用
（4）白话：
　　　　A. 最常用　　　　B. 常用　　　　C. 一般　　　　D. 少用
　　　　E. 很少用　　　　F. 不用
（5）桂柳话：
　　　　A. 最常用　　　　B. 常用　　　　C. 一般　　　　D. 少用
　　　　E. 很少用　　　　F. 不用
（6）客家话：
　　　　A. 最常用　　　　B. 常用　　　　C. 一般　　　　D. 少用
　　　　E. 很少用　　　　F. 不用
（7）其他：_____
　　　　A. 最常用　　　　B. 常用　　　　C. 一般　　　　D. 少用
　　　　E. 很少用　　　　F. 不用

不用

家庭外

32. 你和你的邻居讲什么话？
　　□普通话　　　　□壮话　　　　□白话　　　　□平话
　　□客家话　　　　□桂柳话　　　□其他_____

33. 学校上课，除了普通话，老师还讲什么话？
　　□壮话　　　　　□白话　　　　□平话　　　　□客家话
　　□桂柳话　　　　□其他_____

34. 下课后，在街上见到老师，你跟他/她讲什么话？
　　□普通话　　　　□壮话　　　　□白话　　　　□平话
　　□客家话　　　　□桂柳话　　　□其他_____

35. 下课后，跟同学玩的时候，你们讲什么话？
　　□普通话　　　　□壮话　　　　□白话　　　　□平话
　　□客家话　　　　□桂柳话　　　□其他_____

38. 你在家里附近小商店买东西的时候讲什么话？
　　□普通话　　　　□壮话　　　　□白话　　　　□平话
　　□客家话　　　　□桂柳话　　　□其他_____

38a. 你妈妈在菜市场跟卖菜的人讲什么话？

       □普通话　　　　□壮话　　　　□白话　　　　□平话

       □客家话　　　　□桂柳话　　　□其他_____

38b. 你在超市/百货公司买东西讲什么话？

       □普通话　　　　□壮话　　　　□白话　　　　□平话

       □客家话　　　　□桂柳话　　　□其他_____

39a. 你在北海市郊区讲什么话？

       □普通话　　　　□壮话　　　　□白话　　　　□平话

       □客家话　　　　□桂柳话　　　□其他_____

39b. 你在公车上问路的时候讲什么话？

       □普通话　　　　□壮话　　　　□白话　　　　□平话

       □客家话　　　　□桂柳话　　　□其他_____

40. 你每星期看电视一共看几个小时？ _____小时

41. 你最喜欢哪个电视台/电视节目？ _____

42. 你每星期听收音机一共听几个小时？ _____小时

43a. 你看过《街知巷闻》这个电视节目吗？ □看过 □未看过

43b. 你喜欢这个节目吗？ □喜欢 □不喜欢

44. 你每星期看几个小时报纸？ _____小时

45. 你每星期看几小时课本以外的图书和杂志？ _____小时

46. 你每天上网的时间？

       □不上网　　　　　　　　□半小时以下

       □一至两小时　　　　　　□两小时以上

47. 上网的目的（可多选）：

       □跟别人聊天　　　　　　□在论坛/讨论区参与讨论

       □玩游戏　　　□复习/学习　　　□追星

你对以下的语言/方言有什么感觉？（请在相应的选择中画圈）

48. 普通话	亲切	不亲切	顺耳	不顺耳	喜欢	不喜欢	有好处	没好处
49. 客家话	亲切	不亲切	顺耳	不顺耳	喜欢	不喜欢	有好处	没好处
50. 平话	亲切	不亲切	顺耳	不顺耳	喜欢	不喜欢	有好处	没好处
51. 广州话	亲切	不亲切	顺耳	不顺耳	喜欢	不喜欢	有好处	没好处

续表

52. 壮话	亲切	不亲切	顺耳	不顺耳	喜欢	不喜欢	有好处	没好处
53. 福建话	亲切	不亲切	顺耳	不顺耳	喜欢	不喜欢	有好处	没好处
54. 白话	亲切	不亲切	顺耳	不顺耳	喜欢	不喜欢	有好处	没好处
55. 桂柳官话	亲切	不亲切	顺耳	不顺耳	喜欢	不喜欢	有好处	没好处
56. 英语	亲切	不亲切	顺耳	不顺耳	喜欢	不喜欢	有好处	没好处
57. 日本话	亲切	不亲切	顺耳	不顺耳	喜欢	不喜欢	有好处	没好处
58. 北京话	亲切	不亲切	顺耳	不顺耳	喜欢	不喜欢	有好处	没好处
59. 上海话	亲切	不亲切	顺耳	不顺耳	喜欢	不喜欢	有好处	没好处
60. 京语	亲切	不亲切	顺耳	不顺耳	喜欢	不喜欢	有好处	没好处

63. 爸爸在哪里出生？＿＿＿＿＿

64. 妈妈在哪里出生？＿＿＿＿＿

65. 爸爸在外地生活、工作过吗？　没有□　有□，哪里：＿＿＿＿＿
工作时间：＿＿＿＿＿年

66. 妈妈在外地生活、工作过吗？　没有□　有□，哪里：＿＿＿＿＿
工作时间：＿＿＿＿＿年

67. 你最喜欢什么语言？（1）＿＿＿＿＿　（2）＿＿＿＿＿

68. 你长大后最想做什么工作？＿＿＿＿＿

69a. 你觉得白话跟哪种话最相似？

　　□桂柳话　　　□普通话　　　□广州话　　　□客家话
　　□壮话　　　　□平话

69b. 你觉得平话跟哪种话最相似？

　　□桂柳话　　　□普通话　　　□广州话　　　□客家话
　　□壮话　　　　□白话

丁：语言态度（请在相应方框内打钩，没有注明多选的为单选题）

70. 你现在能用哪些话（语言）与人交谈？（可多选）

　　□普通话　　　□白话　　　□平话　　　□壮话
　　□客家话　　　□其他＿＿＿＿＿

71. 你爸爸（或男性抚养人）最常说哪一种话（语言）？

　　□普通话　　　□白话　　　□平话　　　□壮话

□客家话　　　　　□其他 _____

72. 你妈妈（或女性抚养人）最常说哪一种话（语言）？

□普通话　　　　□白话　　　　□平话　　　　□壮话

□客家话　　　　□其他 _____

73. 你在学校对老师最常说哪一种话（语言）？

□普通话　　　　□白话　　　　□平话　　　　□壮话

□客家话　　　　□其他_____

74. 您认为本地小学最好用哪种话（语言）教学？【必要时可选两种】

□普通话　　　　　□白话　　　　　□其他汉语方言

□少数民族语言　　□无所谓　　　　□无法回答

75. 您认为本地中学最好用哪种话（语言）教学？【必要时可选两种】

□普通话　　　　　□白话　　　　　□其他汉语方言

□少数民族语言　　□无所谓　　　　□无法回答

76. 您小时候（上小学前）最先会说的话（语言）是哪一种？

□普通话　　　　□白话　　　　□平话　　　　□壮话

□客家话　　　　□桂柳话

77. 您对小时候（上小学前）最先会说的话（语言）印象怎么样？

A. 是否好听

□非常好听　　　　□比较好听　　　　□一般

□比较不好听　　　□非常难听

B. 是否亲切

□非常亲切　　　　□比较亲切　　　　□一般

□不太亲切　　　　□一点都不亲切

C. 是否有用

□非常有用　　　　□比较有用　　　　□一般

□不太有用　　　　□完全没有用

D. 是否有社会影响

□非常有社会影响　　　　　　□比较有社会影响

□一般　　　　　　　　　　　□不太有社会影响

□完全没有社会影响

78. 您对白话（语言）的印象怎么样？

    A. 是否好听

    □非常好听   □比较好听   □一般

    □比较不好听   □非常难听

    B. 是否亲切

    □非常亲切   □比较亲切   □一般

    □不太亲切   □一点都不亲切

    C. 是否有用

    □非常有用   □比较有用   □一般

    □不太有用   □完全没有用

    D. 是否有社会影响

    □非常有社会影响   □比较有社会影响

    □一般   □不太有社会影响

    □完全没有社会影响

79. 您对普通话的掌握程度

    □大多数都能听懂，交流没有障碍

    □基本能听懂，日常看电视听广播没有障碍

    □能听懂一小部分，看电视听广播还有一定障碍

    □一点都听不懂

80. 您学习普通话的途径（可多选）：

    □家里人影响、传授   □学校学习

    □社会交往   □看电视听广播   □其他

81. 您学习普通话的原因是什么（可多选）

    □学校提倡   □个人兴趣   □方便社会交往

    □无法回答

82. 您使用普通话的情况

    □所有情况下都用普通话，不考虑用其他语言

    □大多数情况   □少数情况   □极少使用

    □只听广播看电视   □不看电视，也从不使用普通话

83. 您对普通话的印象怎样？

A. 是否好听

□非常好听　　　□比较好听　　　□一般

□比较不好听　　□非常难听

B. 是否亲切

□非常亲切　　　□比较亲切　　　□一般

□不太亲切　　　□一点都不亲切

C. 是否有用

□非常有用　　　□比较有用　　　□一般

□不太有用　　　□完全没有用

D. 是否有社会影响

□非常有社会影响　　　　　　□比较有社会影响

□一般　　　　　　　　　　　□不太有社会影响

□完全没有社会影响

问卷完，谢谢您的帮忙！

附录二

广西壮族古壮字、新壮文、汉字使用情况及态度调查问卷

问卷编号：（　　　）

您好，我们正在进行一个关于壮族文字使用的课题研究。感谢您在百忙中抽时间参加此次调查。问卷的答案无所谓对与错，只要真实地反映您的情况和想法，那就是最好的答案。您的支持我们将感激不尽。

古壮字、新壮文背景介绍，古壮字、新壮文、汉字对照的《麽经布洛陀》节选例文（略）。

以下是调查内容，未标明多选的为单选，只能选择一个答案，请在您所选答案前的方框内打钩：

一、您的基本情况

A. 您的年龄：

1□15～24 岁　　　2□25～39 岁　　　3□40～54 岁

4□55～69 岁　　　5□70 岁以上

B. 您的性别：

1□男　　　　　　2□女

C. 您的民族：

1□壮　　　　　　2□汉　　　　　　3□其他

D. 您是不是麽公或是山歌手？

1□是麽公　　　　　　　　　2□是山歌手

3□既是麽公又是山歌手　　　4□不是麽公也不是山歌手

E. 您现在做什么工作？（离退休/下岗等人员按原职业选择）

1□工人　　　　　　2□农民

3□教育、科技、文化专业人员

4□教育、科技、文化以外的各类专业、技术人员

5□国家机关、党群组织、企业、事业单位负责人

6□办事人员和有关人员

7□商业、服务业人员　　　　　　8□学生

9□军人　　　　10□无业人员　　11□其他

（请注明：＿＿＿＿＿＿）

F. 您的教育背景

1□从未上学　　　2□旧社会私塾　　　3□扫盲班

4□小学　　　　　5□初中　　　　　　6□高中（中专）

7□大专及以上　　8□其他

二、你对古壮字（方块壮字）的了解及认识情况

A. 您对古壮字（方块壮字）的了解程度（单选）

1□非常了解，知道古壮字是壮族的一种古文字

2□比较了解，以前听说过或者见过

3□以前听说过或者见过，但不是很了解，不知道这是壮族的古文字

4□彻底不了解，从来没见过，也没听说过，不知道壮族还有这样的文字（跳至第三题："您对汉字的使用情况"）

B. 您是通过什么途径了解古壮字（方块壮字）的（可多选）

1□家族长辈介绍

2□祖传的麽书、歌本等古壮字书籍

3□无意中看到用古壮字记录的书籍

4□学校老师介绍　　　　　　5□报纸杂志上看到

6□工作中碰到　　　　　　　7□其他途径

C. 您对古壮字（方块壮字）的认识程度（单选）

1□认识古壮字，可以流畅地阅读古壮字书籍

2□认识部分古壮字，但不能完全看懂古壮字书籍

　　3□认识个别古壮字（比如说古壮字地名）

　　4□不认识（跳至问题 F：古壮字主要用于_____）

D. 您认识古壮字（方块壮字）的主要途径是：（可选两项）

　　1□家人影响、传授　　　　　　　2□学校学习

　　3□社会交往　　　4□读书读报　　　5□其他

E. 您学习古壮字（方块壮字）的主要原因是什么（可多选）

　　1□职业原因　　　　　　　　　　2□个人兴趣

　　3□家族影响、继承传统　　　　　4□方便社会交往

　　6□无法回答

F. 就您了解到的情况，古壮字（方块壮字）主要用于：（可多选）

　　1□记录麽经唱本（如布洛陀唱本）

　　2□记录山歌唱本　　　　　　　　3□记录民间传说

　　4□记录现代壮剧剧本　　　　　　5□报纸杂志宣传

　　6□碑刻、药方、家谱等

　　7□其他（请写出：_____）

G. 您使用古壮字（方块壮字）的情况（单选）

　　1□所有情况下都用古壮字书写，不考虑用其他文字

　　2□多数情况　　　3□少数情况　　　4□极少使用

　　5□只看古壮字书籍，但从不使用古壮字书写

　　6□不看古壮字书籍，也从不使用古壮字书写

　　7□其他需要文字记录，却找不到合适的文字记录的临时情况

　　8□无法回答

三、您对汉字的使用情况

A. 您对汉字的认识程度（单选）

　　1□ 大多数都认识，阅读许多专业书籍没有障碍

　　2□基本认识，日常看书看报没有障碍

　　3□认识一小部分，看书报时还有一定障碍

　　4□不认识（跳至问题四：您对新壮文的了解情况）

B. 您认识汉字的主要途径是：（可多选）

　　1□家里人影响、传授　　　　　　2□学校学习

　　　3□社会交往　　　　　4□读书读报　　　　　5□其他

　C. 您学习汉字的主要原因是什么（可多选）

　　　1□职业原因　　　　　2□个人兴趣　　　　　3□ 方便社会交往

　　　4□无法回答

　D. 您使用汉字的情况（单选）

　　　1□所有情况下都用汉字，不考虑用其他文字

　　　2□大多数情况　　　3□少数情况　　　　4□极少使用

　　　5□只看汉字书籍，但从不使用汉字书写

　　　6□不看汉字书籍，也从不使用汉字书写

　　　7□无法回答

四、您对新壮文（拼音壮文）的了解及认识情况

　A. 您对拼音壮文的了解程度（单选）

　　　1□非常了解，知道新壮文是目前国家创造并推行使用的壮族规范
　　　文字

　　　2□比较了解，以前听说过或者见过

　　　3□以前听说过或者见过，但不是很了解，不知道这是壮族的规范
　　　文字

　　　4□从来没见过，也没听说过，不知道壮族还有这样的文字（跳至
　　　第五题："下列文字，您使用过哪些？"）

　B. 您对拼音壮文的认识程度（单选）

　　　1□大多数都认识，阅读书报基本没有障碍

　　　2□认识小部分，阅读拼音壮文书籍还有障碍

　　　3□认识极少数几个词语

　　　4□不认识（跳至问题 E：您使用新壮文的情况）

　C. 您认识拼音壮文的主要途径：（可选两项）

　　　1□家里人影响、传授　　　　　　　2□学校学习

　　　3□社会交往　　　4□读书读报　　　　5□其他

　D. 您学习拼音壮文的主要原因：（可多选）

　　　1□职业原因　　　　　　　　　　　2□个人兴趣

　　　3□ 方便社会交往　　　　　　　　4□无法回答

E. 您使用新壮文的情况（单选）

1□所有情况下都用新壮文，不考虑用其他文字

2□大多数情况　　3□少数情况　　　4□极少使用

5□只看新壮文书籍，但从不使用新壮文书写

6□不看新壮文书籍，也从不使用新壮文书写

7□无法回答

五、下列文字，您使用过哪些？请选出你使用过的文字，并按照使用的多少排序（可多选）

1 汉字　　　　　　　2 汉语拼音　　　　3 新壮文（拼音壮文）

4 古壮字　　　　　　5 其他（请写出：　　　）

选择并排序为：_____　_____　_____　_____　_____

六、您对古壮字的印象怎样？（单选）

A. 是否好理解

1□非常好理解　　2□比较好理解　　3□一般

4□比较难理解　　5□非常难理解

B. 是否好记忆

1□非常好记忆　　2□比较好记忆　　3□一般

4□比较难记忆　　5□非常难记忆

C. 是否美观

1□非常美观　　2□比较美观　　3□一般

4□不太美观　　5□非常不美观

D. 是否有用

1□非常有用　　2□比较有用　　3□一般

4□不太有用　　5□完全没有用

E. 是否有社会影响

1□非常有社会影响　2□比较有社会影响3□一般

4□不太有社会影响　5□完全没有社会影响

F. 是否符合壮族传统心理

1□非常符合壮族传统心理

2□比较符合壮族传统心理

3□一般

4□不太符合壮族传统心理

5□完全不符合壮族传统心理

七、您对汉字的印象怎样？（单选）

A. 是否好理解

1□非常好理解　　　2□比较好理解　　　3□一般

4□比较难理解　　　5□非常难理解

B. 是否好记忆

1□非常好记忆　　　2□比较好记忆　　　3□一般

4□比较难记忆　　　5□非常难记忆

C. 是否美观

1□非常美观　　　　2□比较美观　　　　3□一般

4□不太美观　　　　5□非常不美观

D. 是否有用

1□非常有用　　　　2□比较有用　　　　3□一般

4□不太有用　　　　5□完全没有用

E. 是否有社会影响

1□非常有社会影响　2□比较有社会影响　3□一般

4□不太有社会影响　5□完全没有社会影响

F. 是否符合壮族传统心理

1□非常符合壮族传统心理

2□比较符合壮族传统心理

3□一般

4□不太符合壮族传统心理

5□完全不符合壮族传统心理

八、您对新壮文的印象怎样？（单选）

A. 是否好理解

1□非常好理解　　　2□比较好理解　　　3□一般

4□比较难理解　　　5□非常难理解

B. 是否好记忆

1□非常好记忆　　　　2□比较好记忆　　　3□一般

4□比较难记忆　　　　5□非常难记忆

C. 是否美观

1□非常美观　　　　　2□比较美观　　　　3□一般

4□不太美观　　　　　5□非常不美观

D. 是否有用

1□非常有用　　　　　2□比较有用　　　　3□一般

4□不太有用　　　　　5□完全没有用

E. 是否有社会影响

1□非常有社会影响　　　　　　　　2□比较有社会影响

3□一般　　　　　　　　　　　　　4□不太有社会影响

5□完全没有社会影响

F. 是否符合壮族传统心理

1□非常符合壮族传统心理

2□比较符合壮族传统心理

3□一般

4□不太符合壮族传统心理

5□完全不符合壮族传统心理

九、您认为哪种文字是壮族自己的文字？（单选）

1□汉字　　　　　　　2□拼音壮文　　　3□古壮字（方块壮字）

4□壮族没有自己的文字　　　　　　5□无法回答

十、对于壮族来说，今后在社会交往中，您认为哪种文字比较重要？
（可选两种）

1□汉字　　　　　　　2□新壮文　　　　3□古壮字

4□其他（请注明：　　）

十一、对于壮族来说，您认为在正式场合最好用什么文字？（单选）

1□汉字　　　　　　　2□新壮文（拼音壮文）

3□古壮字　　　　　　4□汉字与新壮文并用

5□汉字与古壮字并用　6□其他（请注明：　　）

十二、您认为新壮文（拼音壮文）的发展前景如何？（单选）

1□会有很大发展　　　2□在一定范围内发展

3□整体范围内保持目前状况

4□在一定范围内保持目前状况

5□在可预计的将来不再使用

6□无法预计

十三、您认为古壮字的发展前景如何？（单选）

1□会有很大发展　　　　　　　　2□在一定范围内发展

3□整体范围内保持目前状况

4□在一定范围内保持目前状况

5□在可预计的将来不再使用　　　　6□无法预计

十四、有人提出将古壮字进行规范化后代替拼音壮文，作为壮族法定文字，您是否同意这种做法？（单选）

1□同意　　　　　　2□无所谓　　　　　3□不知道

4□不同意

十五、您对麽教的了解情况（单选）

A. 您知道布洛陀吗？

1□知道　　　　　　2□不知道

B. 如果遇到一些不顺心的事（如：收成不好、家庭不和睦、家人有灾病），您是否会请当地的布麽来做法事？

1□是　　　　　　　2□否　　　　　　　3□看情况

附录三

中越边境边民语言文字使用情况调查问卷

问卷编号：（　　　）

您好！

近年来，随着社会的发展，东盟博览会的举行，边境边民的交流日益频繁，语言使用状况也发生变化。为了了解中越边境边民语言文字使用的具体情况，我们将展开调查，您是我们按科学抽样方法挑选出来的被访问者，您的回答对我们的研究非常重要。

您对问卷中问题的回答无对错、好坏之分，只要真实地反映您的情况和想法，那就是最好的答案。本次调查不必署名，且调查获得的资料只作研究之用，请您不必担心。

真诚地感谢您的支持！

一、您的基本情况

$\overline{1001}$您的年龄

1. 20 以下　　　　2. 21~30　　　　3. 31~40

4. 41~50　　　　5. 51~60　　　　6. 60 以上

$\overline{1002}$您的性别

1. 男　　　　2. 女

$\overline{1003}$您的民族

1. 汉族　　　　2. 少数民族

$\underline{\qquad}$您的职业
1004

1. 农民　　　　　　　2. 工人

3. 教育、科技、文化专业人员

4. 除了教育、科技、文化专业人员外的各类专业人员、技术人员

5. 党政企事业单位负责人

6. 党政企事业单位其他相关人员

7. 商业、服务业人员

8. 学生　　　　　9. 离退休人员　　　10. 其他（请注明：　　）

$\underline{\qquad}$您的教育背景
1005

1. 未上过学　　　　2. 私塾　　　　　3. 扫盲班

4. 小学　　　　　　5. 初中　　　　　6. 高中（中专）

7. 大专及以上　　　8. 其他

二、语言文字的基本使用情况（以下题目除特别说明的都是单选）

$\underline{\qquad}$现在您能用哪些语言与人交谈？（可多选）
2001

1. 普通话　　　　　　2. 北方方言　　　　3. 白话

4. 平话　　　　　　　5. 壮语　　　　　　6. 客家话

7. 湘语　　　　　　　8. 赣语　　　　　　9. 闽语

10. 吴语　　　　　　11. 越南语　　　　12. 泰语

13. 老挝语　　　　　14. 柬埔寨语　　　15. 其他（请注明：　　）

$\underline{\qquad}$您平时最常使用的话（语言）是什么？
2002

1. 普通话　　　　　　2. 北方方言　　　　3. 白话

4. 平话　　　　　　　5. 壮语　　　　　　6. 客家话

7. 湘语　　　　　　　8. 赣语　　　　　　9. 闽语

10. 吴语　　　　　　11. 越南语　　　　12. 泰语

13. 老挝语　　　　　14. 柬埔寨语　　　15. 其他（请注明：　　）

$\underline{\qquad}$您平常最常使用的文字是什么？
2003

1. 汉字　　　　　　　2. 壮文

3. 除壮文以外的其他少数民族文字　　　　4. 英文

5. 越南文　　　　　6. 泰文　　　　　　7. 老挝文

8. 柬埔寨文　　　　9. 其他（请注明：　　）

——您的普通话程度怎么样？
2004

1. 能流利地与人交谈，没有任何障碍

2. 能熟练地使用，但个别时候会遇到障碍

3. 基本能交谈，但不熟练

4. 能听懂，但不太会说

5. 能听懂一些，但不会说

6. 听不懂，也不会说

——您的汉字使用情况怎么样？
2005

1. 可以流畅地阅读

2. 认识部分，但不能完全看懂书籍

3. 认识极个别　　　　4. 不认识

——您的本民族语或是方言程度怎么样？
2006

1. 能流利地与人交谈，没有任何障碍

2. 能熟练地使用，但个别时候会遇到障碍

3. 基本能交谈，但不熟练

4. 能听懂，但不太会说

5. 能听懂一些，但不会说

6. 听不懂，也不会说

——您的少数民族语言文字是什么？
2007

1. 新壮文　　　　　2. 方块壮字　　　　3. 其他_____

——您的少数民族文字使用情况怎么样？
2008

1. 可以流畅地阅读　　2. 认识部分，但不能完全看懂书籍

3. 认识极个别　　　　4. 不认识

——您会其他国家的语言吗？（可多选）
2009

1. 英语　　　　　　2. 越南语　　　　　3. 泰语

4. 老挝语　　　　　5. 柬埔寨语　　　　6. 其他（请注明：　　）

$\dfrac{}{2010}$您的其他国家语言的口语程度怎么样？

1. 能流利地与人交谈，没有任何障碍

2. 能熟练地使用，但个别时候会遇到障碍

3. 基本能交谈，但不熟练

4. 能听懂，但不太会说

5. 能听懂一些，但不会说

6. 听不懂，也不会说

$\dfrac{}{2011}$您的其他国家语言的书面语程度怎么样？

1. 可以流畅地阅读

2. 认识部分，但不能完全看懂书籍

3. 认识极个别　　　　4. 不认识

三、您与周边国家国民的接触情况和语言文字使用情况

$\dfrac{}{3001}$您和周边国家边民的接触频率

1. 从未　　　　　2. 1～5 次/月　　　3. 5～10 次/月

4. 10～20 次/月　　　5. 更多

（请注明：大约 次/每月）（选择选项 1 的被调查者第三部分的问题可以跳过）

$\dfrac{}{3002}$您和周边国家边民的接触区域

1. 中国境内的非自由贸易区

2. 越南境内的非自由贸易区

3. 中国境内的自由贸易区

4. 越南境内的自由贸易区

$\dfrac{}{3003}$您和周边国家边民接触的最主要的事由

1. 买卖等交易活动　　　　　　2. 宗教、祭祖等事务

3. 访亲拜友　　　　　　　　　4. 信息文化交流

5. 农业等生产领域的交流　　　6. 婚姻

$\dfrac{}{3004}$您和周边国家边民接触时通常使用何种方式进行交流

1. 只用口语　　　　2. 只用书面形式　　3. 只用手语等肢体语言

4. 口语加手语比画等非口语形式语言　　5. 口语和书面形式相结合

6. 口语和手语等肢体语言相结合

7. 书面形式和手语等肢体语言相结合　　8. 三者相结合

——您和周边国家边民接触时通常使用何种口语进行交流
3005

1. 普通话　　　　　　2. 北方方言　　　　　3. 白话

4. 平话　　　　　　　5. 壮语　　　　　　　6. 客家话

7. 湘语　　　　　　　8. 赣语　　　　　　　9. 闽语

10. 吴语　　　　　　　11. 越南语　　　　　　12. 泰语

13. 老挝语　　　　　　14. 柬埔寨语　　　　　15. 其他（请注明：　　）

——您和周边国家边民接触时通常使用哪种文字
3006

1. 汉字　　　　　　　　2. 新壮文　　　　　　3. 方块壮字

4. 除壮文以外的其他少数民族文字　　　　　5. 英文

6. 越南文　　　　　　7. 喃字　　　　　　　8. 泰文

9. 老挝文　　　　　　10. 柬埔寨文　　　　　11. 其他（请注明：　　）

四、语言文字态度

——十年前及更早，您认为与越南边民交际哪种话（语言）最方便
4001

有效？

1. 普通话　　　　　　2. 北方方言　　　　　3. 白话

4. 平话　　　　　　　5. 壮语　　　　　　　6. 客家话

7. 湘语　　　　　　　8. 赣语　　　　　　　9. 闽语

10. 吴语　　　　　　　11. 越南语　　　　　　12. 泰语

13. 老挝语　　　　　　14. 柬埔寨语　　　　　15. 其他（请注明：　　）

——十年前及更早，在您与越南边民交际的过程中，您觉得普通话
4002

1. 非常喜欢使用，非常常用，非常方便，非常有影响力

2. 比较喜欢使用，比较常用，比较方便，比较有影响力

3. 一般

4. 不太喜欢使用，不太常用，不太方便，不太有影响力

5. 不喜欢使用，不常用，不方便，没有影响力

6. 无法回答

$\frac{}{4003}$十年前及更早，在您与越南边民交际的过程中，您觉得少数民族语言和方言

1. 非常喜欢使用，非常常用，非常方便，非常有影响力

2. 比较喜欢使用，比较常用，比较方便，比较有影响力

3. 一般

4. 不太喜欢使用，不太常用，不太方便，不太有影响力

5. 不喜欢使用，不常用，不方便，没有影响力

6. 无法回答

$\frac{}{4004}$十年前及更早，在您与越南边民交际的过程中，您觉得越南语

1. 非常喜欢使用，非常常用，非常方便，非常有影响力

2. 比较喜欢使用，比较常用，比较方便，比较有影响力

3. 一般

4. 不太喜欢使用，不太常用，不太方便，不太有影响力

5. 不喜欢使用，不常用，不方便，没有影响力

6. 无法回答

$\frac{}{4005}$十年前及更早，在您与越南边民交际的过程中，您觉得汉字

1. 非常喜欢使用，非常常用，非常方便，非常有影响力

2. 比较喜欢使用，比较常用，比较方便，比较有影响力

3. 一般

4. 不太喜欢使用，不太常用，不太方便，不太有影响力

5. 不喜欢使用，不常用，不方便，没有影响力

6. 无法回答

$\frac{}{4006}$十年前及更早，在您与越南边民交际的过程中，您觉得壮文

1. 非常喜欢使用，非常常用，非常方便，非常有影响力

2. 比较喜欢使用，比较常用，比较方便，比较有影响力

3. 一般

4. 不太喜欢使用，不太常用，不太方便，不太有影响力

5. 不喜欢使用，不常用，不方便，没有影响力

6. 无法回答

$\overline{4007}$十年前及更早，在您与越南边民交际的过程中，您觉得越南文

1. 非常喜欢使用，非常常用，非常方便，非常有影响力

2. 比较喜欢使用，比较常用，比较方便，比较有影响力

3. 一般

4. 不太喜欢使用，不太常用，不太方便，不太有影响力

5. 不喜欢使用，不常用，不方便，没有影响力

6. 无法回答

$\overline{4008}$现在，您认为与越南边民交际哪种话（语言）最方便有效？

1. 普通话	2. 北方方言	3. 白话
4. 平话	5. 壮语	6. 客家话
7. 湘语	8. 赣语	9. 闽语
10. 吴语	11. 越南语	12. 泰语
13. 老挝语	14. 柬埔寨语	15. 其他（请注明： ）

$\overline{4009}$现在，在您与越南边民交际的过程中，您觉得普通话

1. 非常喜欢使用，非常常用，非常方便，非常有影响力

2. 比较喜欢使用，比较常用，比较方便，比较有影响力

3. 一般

4. 不太喜欢使用，不太常用，不太方便，不太有影响力

5. 不喜欢使用，不常用，不方便，没有影响力

6. 无法回答

$\overline{4010}$现在，在您与越南边民交际的过程中，您觉得少数民族语言和

方言

1. 非常喜欢使用，非常常用，非常方便，非常有影响力

2. 比较喜欢使用，比较常用，比较方便，比较有影响力

3. 一般

4. 不太喜欢使用，不太常用，不太方便，不太有影响力

5. 不喜欢使用，不常用，不方便，没有影响力

6. 无法回答

$\overline{4011}$现在，在您与越南边民交际的过程中，您觉得越南语

1. 非常喜欢使用，非常常用，非常方便，非常有影响力

2. 比较喜欢使用，比较常用，比较方便，比较有影响力

3. 一般

4. 不太喜欢使用，不太常用，不太方便，不太有影响力

5. 不喜欢使用，不常用，不方便，没有影响力

6. 无法回答

$\overline{4012}$现在，在您与越南边民交际的过程中，您觉得汉字

1. 非常喜欢使用，非常常用，非常方便，非常有影响力

2. 比较喜欢使用，比较常用，比较方便，比较有影响力

3. 一般

4. 不太喜欢使用，不太常用，不太方便，不太有影响力

5. 不喜欢使用，不常用，不方便，没有影响力

6. 无法回答

$\overline{4013}$现在，在您与越南边民交际的过程中，您觉得壮字

1. 非常喜欢使用，非常常用，非常方便，非常有影响力

2. 比较喜欢使用，比较常用，比较方便，比较有影响力

3. 一般

4. 不太喜欢使用，不太常用，不太方便，不太有影响力

5. 不喜欢使用，不常用，不方便，没有影响力

6. 无法回答

$\overline{4014}$现在，在您与越南边民交际的过程中，您觉得越南文

1. 非常喜欢使用，非常常用，非常方便，非常有影响力

2. 比较喜欢使用，比较常用，比较方便，比较有影响力

3. 一般

4. 不太喜欢使用，不太常用，不太方便，不太有影响力

5. 不喜欢使用，不常用，不方便，没有影响力

6. 无法回答

——您认为今后在中越边民交往中，哪种话（语言）最重要？
4015

1. 普通话   2. 北方方言   3. 白话

4. 平话   5. 壮语   6. 客家话

7. 湘语   8. 赣语   9. 闽语

10. 吴语   11. 越南语   12. 泰语

13. 老挝语   14. 柬埔寨语   15. 其他

——您觉得是否有必要学习其他国家的话（语言）？（英语除外）
4016

1. 非常有必要   2. 一般   3. 没有必要

4. 无所谓

——您觉得学习哪一种话（语言）最有必要？（英语除外）
4017

1. 越南语   2. 泰语   3. 老挝语

4. 柬埔寨语   5. 其他（请注明： ）

——您觉得学习非英语类外语（越南语、泰语、老挝语、柬埔寨语
4018

等）到什么程度比较合适？

1. 能流利地与人交谈，无障碍地阅读

2. 能流利地与人交谈，熟练地使用，对阅读没什么要求

3. 基本能交谈就可以

4. 能听懂，但不太会说

5. 能听懂一些，但不会说

6. 不知道

——您觉得自己现在和周边国家人员的语言沟通状况
4019

1. 很满意   2. 比较满意   3. 一般

4. 不满意   5. 无法回答

——您最熟悉的十个人感觉和周边国家人员的语言沟通状况
4020

1. 很满意   2. 比较满意   3. 一般

4. 不满意   5. 无法回答

五、外籍人员的语言文字使用情况和语言文字态度

——您最熟悉的十个外国人是
5001

1. 越南人　　　　　2. 泰国人　　　　3. 老挝人

4. 柬埔寨人　　　　5. 其他（请注明：　　）

6. 不认识（如选择6可以跳过此部分）

——您最熟悉的十个外国人和您交流最常用的语言是
5002

1. 汉语普通话　　　2. 北方方言　　　3. 白话

4. 平话　　　　　　5. 壮语　　　　　6. 客家话

7. 湘语　　　　　　8. 赣语　　　　　9. 闽语

10. 吴语　　　　　11. 越语　　　　12. 泰语

13. 老挝语　　　　14. 柬埔寨语　　15. 其他

——您最熟悉的十个外国人主要使用哪种语言互相交流？
5003

1. 汉语普通话　　　2. 北方方言　　　3. 白话

4. 平话　　　　　　5. 壮语　　　　　6. 客家话

7. 湘语　　　　　　8. 赣语　　　　　9. 闽语

10. 吴语　　　　　11. 越语　　　　12. 泰语

13. 老挝语　　　　14. 柬埔寨语　　15. 其他

——您最熟悉的十个外国人主要使用哪种文字？
5004

1. 汉字　　　　　　2. 壮文

3. 除壮文以外的其他少数民族文字　　4. 英文

5. 越南文　　　　　6. 泰文　　　　7. 老挝文

8. 柬埔寨文　　　　9. 其他（请注明：　　）

——您觉得您最熟悉的十个外国人认为普通话
5005

1. 非常喜欢使用，非常常用，非常方便，非常有影响力

2. 比较喜欢使用，比较常用，比较方便，比较有影响力

3. 一般

4. 不太喜欢使用，不太常用，不太方便，不太有影响力

5. 不喜欢使用，不常用，不方便，没有影响力

6. 无法回答

——您觉得您最熟悉的十个外国人认为越南语
5006

1. 非常喜欢使用，非常常用，非常方便，非常有影响力

2. 比较喜欢使用，比较常用，比较方便，比较有影响力

3. 一般

4. 不太喜欢使用，不太常用，不太方便，不太有影响力

5. 不喜欢使用，不常用，不方便，没有影响力

6. 无法回答

$\frac{}{5007}$您觉得您最熟悉的十个外国人认为壮语

1. 非常喜欢使用，非常常用，非常方便，非常有影响力

2. 比较喜欢使用，比较常用，比较方便，比较有影响力

3. 一般

4. 不太喜欢使用，不太常用，不太方便，不太有影响力

5. 不喜欢使用，不常用，不方便，没有影响力

6. 无法回答

$\frac{}{5008}$您最熟悉的十个外国人感觉和您的语言沟通状况

1. 很满意　　　　　　2. 比较满意　　　　　3. 一般

4. 不满意　　　　　　5. 无法回答

$\frac{}{5009}$您最熟悉的十个外国人感觉和您的文字交流状况

1. 很满意　　　　　　2. 比较满意　　　　　3. 一般

4. 不满意　　　　　　5. 无法回答

参考文献

一 专著类

[1] 陈海伦, 等. 广西语言文字使用问题调查与研究 ［M］. 南宁：广西教育出版社, 2005.

[2] 陈原. 社会语言学 ［M］. 上海：学林出版社, 1983.

[3] 陈章太. 语言规划研究 ［M］. 北京：商务印书馆, 2005.

[4] 戴昭铭. 文化语言学导论 ［M］. 北京：语文出版社, 1996.

[5] 风笑天. 社会研究方法 ［M］. 北京：高等教育出版社, 2006.

[6] 广西地方志编委会. 广西通志·汉语方言志 ［M］. 南宁：广西人民出版社, 1998.

[7] 桂诗春, 宁春岩. 语言学方法论 ［M］. 北京：外语教学与研究出版社, 2002.

[8] 郭熙. 中国社会语言学 ［M］. 杭州：浙江大学出版社, 2004.

[9] 何丹, 方柯. 汉语文化学 ［M］. 杭州：浙江大学出版社, 2003.

[10] 黄行. 中国少数民族语言活力研究 ［M］. 北京：中央民族大学出版社, 2000.

[11] 罗常培. 语言与文化 ［M］. 北京：北京出版社, 2004.

[12] 申小龙. 语言与文化的现代思考 ［M］. 郑州：河南人民出版社, 2000.

[13] 苏新春. 文化语言学教程 ［M］. 北京：外语教学与研究出版社, 2006.

[14] 邢福义. 文化语言学 ［M］. 武汉：湖北教育出版社, 2000.

[15] 薛薇. 统计分析与 SPSS 应用（第三版）［M］. 北京：中国人民大学出版社, 2011.

［16］姚亚平．中国语言规划研究［M］．北京：商务印书馆，2006.

［17］游汝杰，邹嘉彦．社会语言学教程［M］．上海：复旦大学出版社，2004.

［18］游汝杰．中国文化语言学引论（修订版）［M］．上海：上海辞书出版社，2003.

［19］张公瑾，丁石庆．文化语言学教程［M］．北京：教育科学出版社，2004.

［20］赵蓉晖．社会语言学［M］．上海：上海外语教育出版社，2005.

［21］中国社会科学院民族研究所．国外语言政策与语言规划进程［M］．北京：语文出版社，2001.

［22］周明甫，金星华．中国少数民族文化简论［M］．北京：民族出版社，2006.

［23］周玉忠，王辉．语言规划与语言政策：理论与国别研究［M］．北京：中国社会科学出版社，2004.

［24］周振鹤，游汝杰．方言与中国文化（第2版）［M］．上海：上海人民出版社，2006.

［25］祝畹瑾．社会语言学概论［M］．长沙：湖南教育出版社，1992.

［26］D. A. de Vaus. Surveys in Social Research［M］. London：George Allen & Unwin Ltd. 1986.

二 论文类

［1］陈松岑．新加坡华人的语言态度及其对语言能力和语言使用的影响［J］．语言教学与研究，1999（1）.

［2］郭骏．语言态度与方言变异［J］．语言学研究，2007（8）.

［3］韩磊磊，源国伟．在校大学生语言态度研究及其意义［J］．广东青年职业学院学报，2008，22（3）.

［4］黄南津，唐未平．古壮字使用的性别、年龄、文化层次差异调查研究［J］．中央民族大学学报（哲学社会科学版），2008（4）.

［5］黄雪贞．西南官话的分区（稿）［J］．方言，1986（4）.

［6］李蓝．六十年来西南官话的调查与研究［J］．方言，1997（4）.

[7] 李蓝. 西南官话的分区（稿）[J]. 方言, 2009（1）.

[8] 李连进. 广西各民族语言的形成与相互间的影响 [J]. 广西语言文字使用问题调查与研究, 2005（10）.

[9] 沈依青. 语言态度初探 [J]. 清华大学学报（哲学社会科学版）, 1997（2）.

[10] 邬美丽. 语言态度研究述评 [J]. 满语研究, 2005（2）.

[11] 徐大明, 李现乐. 珍爱语言资源, 发展语言经济 [J]. 北华大学学报, 2010（2）.

[12] 徐大明. 有关语言经济的七个问题 [J]. 云南师范大学学报, 2010（9）.

[13] 杨焕典, 梁振仕, 等. 广西的汉语方言（稿）[J]. 方言, 1985（3）.

[14] 袁善来, 黄南津. 广西强势语言（包括汉语方言、普通话）更替及其外部原因 [J]. 柳州师专学报, 2005（3）.

[15] 张福荣. 经济发展水平对语言态度的影响——赣籍大学生赣语与普通话调查 [J]. 江西教育学院学报（社会科学版）, 2005（5）.

[16] 赵燕. 近二十年来国内语言态度研究考证 [J]. 云南师范大学学报（对外汉语教学与研究版）, 2009（9）.

[17] 周薇. 语言态度和语言使用的相关性分析——以 2007 年南京城市语言调查为例 [J]. 语言教学与研究, 2011（1）.

后 记

1998 年，国家语言文字工作委员会组织实施"中国语言文字使用情况调查"，我参与了广西调查数据的一些分析，撰写过分析文章。但感觉还可以继续进行相关的数据收集和分析，以求更深入、动态地把握地域语言使用状况，为现实生活和语言研究提供基础资料和分析结果。于是从 2007 年开始，我带着研究生对壮族聚居区进行国家通用语言文字使用情况调查，相关成果发表在《中央民族大学学报》等刊物上。此后又陆续指导硕士研究生对广西的几大方言区、沿边境地区以及城市、高校进行国家通用语言文字使用情况调查，调查于 2011 年入选国家语委重点项目。

我和学生们用将近十年时间调查与分析，从成果中择取主要部分汇集成这一本小书。

本书参与者的分工如下：

唐冬媚：对全部数据进行综合分析并得出结论。

李金阳：客家方言区国家通用语言文字使用情况调查分析。

唐未平：壮族聚居区文字使用及使用态度调查分析。

杨　希：中越边境地区语言文字使用情况调查分析。

杨　羚：粤方言区国家通用语言文字使用情况调查分析。

莫　霞：平话方言区国家通用语言文字使用情况调查分析。

张舒为：西南官话区国家通用语言文字使用情况调查分析。

李咏梅："南宁普通话"使用情况专项调查分析。

梁金凤：广西高校国家通用语言文字使用情况调查分析。

项目及书稿由我进行总体设计。

项目进行过程中，田野调查、数据收集与分析都非常艰辛，我与学生们忆及当时情景，酸甜苦辣，可谓百味杂陈。

此小书如能为社会、学界提供些许材料及参考，此心慰矣！

感谢为调查与研究提供过帮助的人们，感谢社会科学文献出版社编辑老师们的细心审核与校正。

黄南津

2017 年 12 月于邕城